名人传

文天祥
正气永存

文淑菁 著　　胡正林 绘

人民文学出版社
PEOPLE'S LITERATURE PUBLISHING HOUSE

著作权合同登记：图字 01－2023－1740 号

© 三民书局股份有限公司
本著作中文简体字版由三民书局股份有限公司授权上海九久读书人文化实业有限公司与人民文学出版社在中国大陆（台湾、香港、澳门地区除外）独家出版。

图书在版编目(CIP)数据

文天祥：正气永存/文淑菁著；胡正林绘.—北京：人民文学出版社，2017(2024.11 重印)
(名人传)
ISBN 978-7-02-014286-6

Ⅰ.①文… Ⅱ.①文…②胡… Ⅲ.①文天祥(1236—1282)-传记 Ⅳ.①K827＝442

中国版本图书馆 CIP 数据核字(2018)第 103906 号

责任编辑　卜艳冰　吕昱雯
装帧设计　汪佳诗

出版发行　人民文学出版社
社　　址　北京市朝内大街 166 号
邮政编码　100705
印　　制　山东新华印务有限公司
经　　销　全国新华书店等
字　　数　54 千字
开　　本　890 毫米×1240 毫米　1/32
印　　张　4
版　　次　2018 年 8 月北京第 1 版
印　　次　2024 年 11 月第 3 次印刷
书　　号　978-7-02-014286-6
定　　价　35.00 元

如有印装质量问题，请与本社图书销售中心调换。电话：010－65233595

序

不论世界如何演变，科技如何发达，但凡养成了阅读习惯，这将是一生中享用不尽的财富。

三民书局的刘振强董事长，想必也是一位深信读书是人生最大财富的人，在读书人数往下滑落的多元化时代，他仍然坚信读书的重要性。刘董事长也时常感念，在他困苦贫穷的青少年时期，是书使他坚强向上；在社会普遍困苦、生活简陋的年代，也是书成了他最好的良伴。他希望在他的有生之年，分享这份资产，让其他读者可以充分使用。

"名人传"系列规划出版有关文学、艺术、人文、政治与科学等各行各业有贡献的人物故事，邀请各领域专业的学者、作家同心协力编写，费时多年，分梯次出版。在越来越多元化的世界中，每个人都有各自的才华与潜力，每个朝代也都有其可歌可泣的故事，但是在故事背后所具有的一个共同点，就是每个传记主人公在困苦中不屈不挠的经历，这些经历经由各位作者用心查阅有关资料，再三推敲求证，再以文学之笔，写出了有趣而感人的故事。

西谚有云：世界因有各式各样不同的人，才更加多彩多姿。这套书就是以"人"的故事为主旨，不刻意美化主人公，以他们的生活经历为主轴，深入描写他们成长的环境、家庭教育与童年生活，深入探索是什么因素造成了他们的与众不同，是什么力量驱动了他们锲而不舍地前行。以日常生活中的小故事来描写出这些人为什么能使梦想成真，尤其在阅读这些作品时，能于心领神会中得到灵感。

和一般从外文翻译出来的伟人传记所不同的是，此套书的特色是由熟悉文学的作者用心收集资料，将知识融入有趣的故事，并以文学之笔，深入浅出写出适合大多数人阅读的人物传记。在探讨每位人物的内在心理因素之余，也希望读者从阅读中激励出个人内在的潜力和梦想。我相信每个人都会发呆做梦，当你发呆和做梦的同时，书是你最私密的好友。在阅读中，没有批判和讥讽，却可随书中的主人公海阔天空一起遨游，或狂想或计划，而成为心灵

知交。不仅留下从阅读中得到的神交良伴（一个回忆），如果能家人共读，读后一起讨论，绵绵相传，留下共同回忆，何尝不是一派幸福的场景！

谨以此套"名人传"丛书送给所有爱读书的人。你们都是世界上最幸福的人，因为一直有书为伴，与爱同行。

目 录

1. 战火连绵的时代 …………… 1
2. 二十一岁的状元郎 ………… 3
3. 初生之犊不畏虎 …………… 11
4. 奸相祸国，文天祥再度离京 …… 16
5. 鄂州失守 …………………… 22
6. 起兵勤王 …………………… 30
7. 出任丞相 …………………… 39
8. 入元被俘 …………………… 45
9. 逃出生天 …………………… 50
10. 再度流亡 ………………… 61
11. 取道向南 ………………… 72
12. 重新聚兵 ………………… 75
13. 空坑血泪 ………………… 80
14. 海丰被俘 ………………… 88
15. 决战厓山 ………………… 97
16. 重见旧友　万里行役 …… 103
17. 碧血丹心　正气永存 …… 106

文天祥小档案 ……………… 114

名人传

文天祥

1236—1283

1. 战火连绵的时代

北宋靖康元年，北方金人占领北宋首都汴京，掳走了徽宗、钦宗皇帝父子，这便是著名的"靖康之难"。宋人不敌金兵，南迁撤守至淮水以南，北方被金人占据，北宋朝宣告灭亡。其后，宋高宗赵构在临安重建政权，开启了南宋一代。

广大的中原土地上，被金人占领的北方是铁蹄阵阵、烽烟四起，被统治的百姓则是个个惊心、人人胆战，在金人的统治下小心翼翼地过日子。而南宋所在的南方呢？江南地区，气候温暖，地多水泽，女子婀娜，是个物产丰富的膏腴之地，高宗偏安江南后，习惯了江南的风土人情，渐渐地，想收复北方失土的心也淡了……

然而，收复北方失地一直是南宋志士仁人的心愿，由于朝廷缺乏强烈的决心，虽然屡次展开北伐的行动，但皆告失败①，宋、金持续对峙。南宋宁宗时候，金朝逐渐衰微，北边的蒙古族又在此时崛起，日渐强大的蒙古军为扩张版图，与金朝开战，金军节节败退，并同时遭受南宋与西夏的夹击。宋理宗时候，南宋实行"联蒙灭金"政策，此举虽使南宋免去了金朝之忧，却引来了更强大的蒙古在边境虎视眈眈。于是理宗时候，南宋由原本的抗金，演变成抵抗蒙古的局势。

文天祥，便诞生于这外患频仍、内忧不断的时代。

---

① 像著名的英雄岳飞，便是极力主张"收复中原"的将领，他英勇神武，带出来的"岳家军"军律严明，在当时令金人闻风丧胆。但是高宗皇帝听信了秦桧的谗言，下了十二道金牌命令岳飞退兵。岳飞被控"莫须有"的罪名，锒铛入狱，一代忠臣名将，就此含冤而死。

2. 二十一岁的状元郎

宋理宗宝祐四年（1256年），南宋的临安城内，人潮熙来攘往，城中心的市集中，叫卖的、说唱的……好不热闹。今年适逢"大比"①之年，京城里多了许多前来参加科举的书生。文天祥和他的弟弟文璧办完"验牒"②的手续，顺道在试场外买了一些应试用品，打算返回客栈。再过两天便是大举的日子，文璧脸上透露着兴奋，文天祥则气度稳重，神色跟平日没什么分别，似乎完全没受到大考的影响。"我们还是早些回去吧，父亲还等着我们呢！他老人家满心期盼着咱们兄弟俩能一举高中，将来好做官以扶持朝政，我们切不可让他失望。"文天祥说着，一谈到

---

① 大比：三年才举行一次的科举考试，对古代读书人来说，是最重要不过的事了！
② 验牒：检验一些应考的证件，以确认考生的身份。

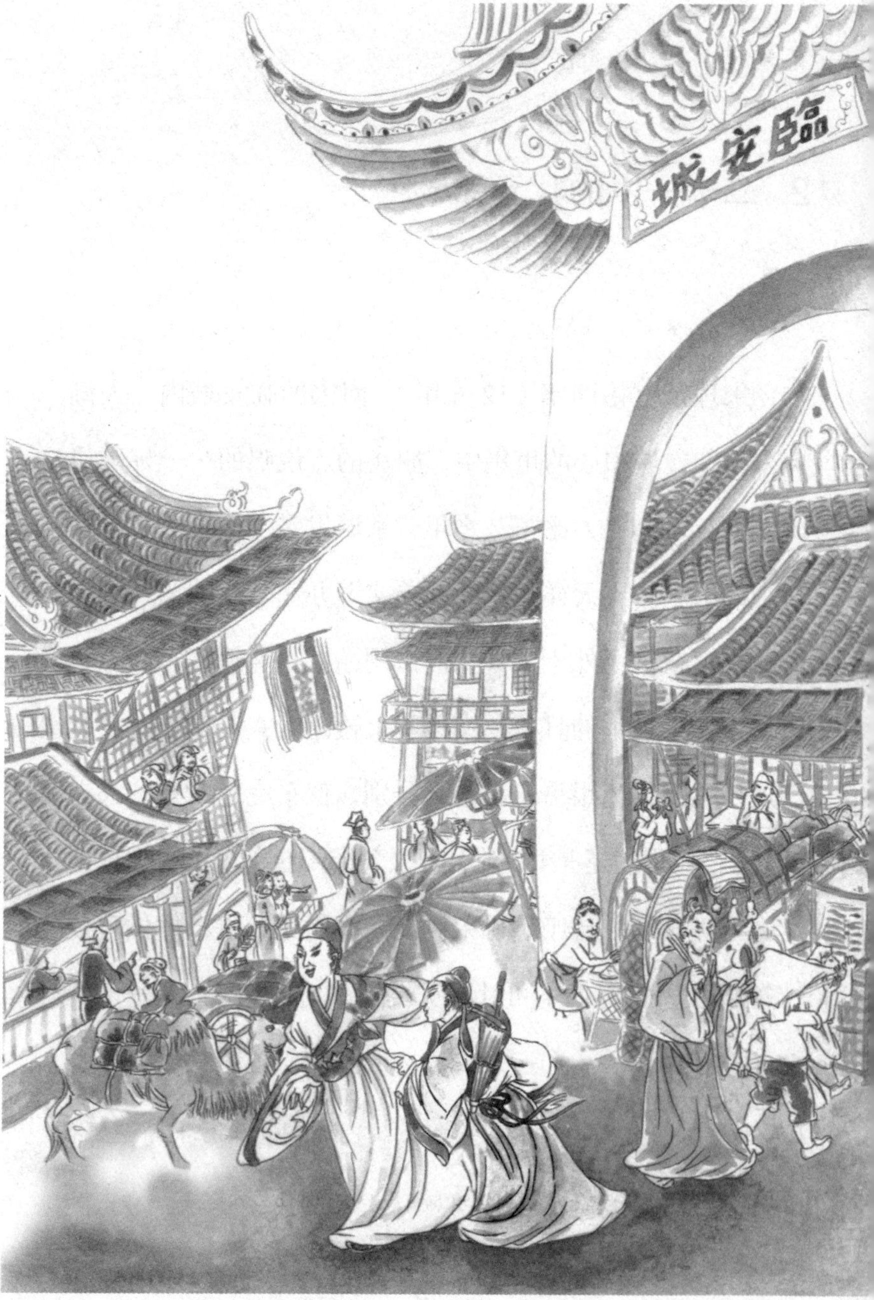
臨安城

与国家相关之事时，目光便陡地有神起来，这使得文璧也不再多言，两人便加紧脚步回到投宿的客栈。

文天祥的父亲文仪，虽未考取过功名，但却十分好学，嗜藏书、阅读，平日在亲友与乡里间，便以乐善好施闻名：佃户缴不起租税从不追讨；亲友有急难之事，也常解囊相助。但是文家只是平民老百姓，文仪与妻子曾氏两家族都没有人担任官职，虽有些微薄家产，也仅能度日糊口而已。文仪自奉甚俭，但对于助人、买书，以及替儿子延聘教师这些花费却从不吝啬。虽然有时还须典当衣物才能买到心爱的书籍，文仪亦乐此不疲。也就是在这种家庭教育之下，文天祥虽没有显赫的家世，却从小饱读诗书，并能写得一手好文章。

"就要应试了！"深夜里，文天祥反复背诵着文章，脑海中却浮出了家中请不起老师之后，由父亲亲自执教的每个苦读画面。每次新买了一本书，父亲总是先教给他，让他熟读后再教给弟弟们。偶尔文天祥偷懒，父亲的脸色便登时严厉起来。父亲常这样教诲："文章不只要求畅达通顺，更要写得有风骨、有正气。"小小文天祥，从小便立志要效法乡里先贤欧阳修、胡铨等以忠孝节义著称的前贤了。文天祥在家里跟着父亲读书到二十岁，才进入庐陵的白鹭洲书院继续攻书，在那里结识了一位志同道合的老师欧阳守道。"做学问不是讲虚话，必定要有益于时用才行。"欧阳守道要求读书必"有益于时用"的教诲，也深植于文天祥的心中。想到父亲与老师的训诲，再想到宋朝目前朝政混乱的情况，"要是这次顺利考取，必定尽力报效朝廷，好好为百姓做点事情"！深夜里，文天祥终于合上双眼入睡了。

二月初一，报喜的人来到门上，礼部发榜了，文天祥与弟弟文璧同登榜上！可以一起进入由皇帝亲自主持的"殿试"。

殿试前，文天祥却病了一场，泻肚子泻得脑袋昏昏沉沉的。他强撑着身子坐上雇来的轿子来到皇宫，进入雕饰精工的朱红大门，在广阔的大道上等待着皇帝驾临宣召。

理宗皇帝终于临殿，考生们鱼贯进入集英殿中，由引试的官员带领到自己的位置。打开卷纸，题目从无极、太极问到当前的国家大事。国家当前的问题究竟该如何因应？这是文天祥早就萦绕于心的，于是提起笔来有如江水泄洪，尽情倾吐自己满怀的抱负与理念，洋洋洒洒写了一万多字，连草稿都没打。写完应试的文章，像是完成了多年的心愿，文天祥心中突然轻松起来，原本带病的身子，竟在一日之内好了起来。反倒是陪着来应考的父亲，却突然病倒了。

五月二十四日，是唱名发榜的大日子。主考官将已评定过的卷子送给皇帝过目，再由皇帝亲自点出今年的新科状元。大殿上，理宗皇帝捻着胡子，一本一本地读着，最后将第七本卷子抽出来，压在其他卷子上面，评为首选。当时的主考官王应麟读了卷子，立即叩首向理宗说道："这本卷子陈述古法足可作为良鉴，且展现一片铁石忠心，臣下贺喜皇上得到这么一位优秀的人才。"皇帝钦点已毕，便要拆开弥封的卷子，瞧瞧究竟谁是今年的状元。这是天下读书人最紧张的时刻，也是最光荣的一刻。

主考官王应麟拆看了弥封的姓名，朗声道："文天祥。"

殿前卫士群体跟着高声唱道："文天祥。"一声声响亮如雷的呼声阵阵传来。

文天祥由进士群中走出，站定。

殿上发问："原籍何处？""江西、庐陵县、富川镇。""父亲的姓名字号？""父亲名仪，字士表。"

确认了状元的身份，理宗微笑地打量着由自己钦点的状元郎，他是个身材高大、面容白皙、眉目清秀的青年，理宗再翻看手上的名录："才二十岁，正是大有可为的年纪。"理宗不禁流露出满意之色，脸上始终带着微笑。接下来榜眼、探花陆续唱出……唱名结束后，理宗一声令下："赐宴吧，大家都辛苦了！"文天祥退到一旁，趁着皇帝退殿时，才敢抬头仰望这位钦赐他状元的皇帝。"读了这么多年书，终于有机会报效国家了！"天下读书人最期盼的荣耀降临在自己身上，文天祥的感遇之情溢于言表。①

得中状元后，文天祥必须在指定的状元局内暂住，结识同榜登中进士的朋友，并学习一些官场的礼仪。才过了一个晚上，第二天清早，弟弟文璧气喘吁吁地叩门，带来

---

① 这次的考试，文天祥顺利地荣登状元，但一起去考试的弟弟文璧，并没有通过同年的殿试，三年后再赴考场，中选为进士。

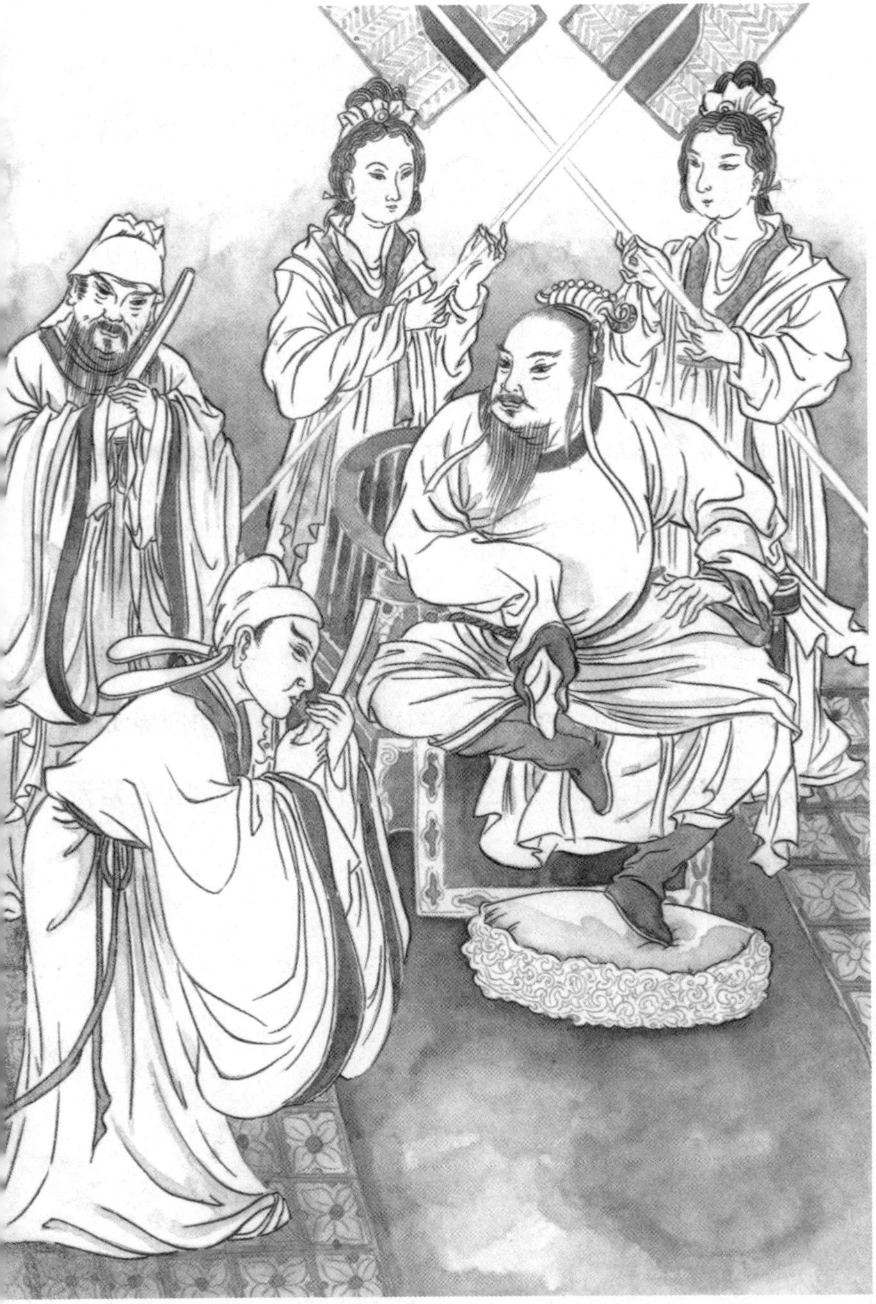

了不幸的消息——父亲病情加剧。孝亲至极的文天祥想到，从小到大，父亲辛劳地养育、教诲着家中的孩子，而今自己总算得中状元，完成了父亲的心愿，可以光耀门楣了，不正该是一家人欢笑同聚的时刻吗？现在，父亲为了兄弟两人，不顾自己年纪已大、气血已衰，硬是长途跋涉陪着儿子应考，竟因而成病，想到此，文天祥泪流满面，等不及批假，便赶回客栈去了。然而文天祥的孝顺却唤不回父亲，在文天祥得中状元后的第四日，老父挨不过病痛的煎熬，病逝于临安客舍。

在古代，父母至亲逝世，都必须服丧三年，这三年内亦不得出任官职。孝顺的文天祥立刻收拾行李回家乡服丧，三年没有出仕。而这三年，蒙古侵宋的计划正在紧锣密鼓地进行中。

3. 初生之犊不畏虎

开庆初年,蒙古大汗蒙哥兵分数路,南下进攻,理宗宠信宦官董宋臣,朝政混乱败坏,竟让蒙军渡过淮河,打到鄂州来了!鄂州是军事要地,理宗紧张了,起用贾贵妃的弟弟贾似道,拜为丞相,并命他督守鄂州。

贾似道是个贪生怕死之辈,只盘算着个人的富贵性命,完全不以宋朝江山为念,因此一来到鄂州,吃了几场败仗后,便再也无心恋战,只想求和。军情吃紧的同时,恰好蒙古大汗蒙哥病死,蒙古内部为争夺政权起了内讧,忽必烈一心北归。照理来说,应该利用蒙军内乱的时机再放手一搏,不过贾似道因心中只想着乞和,反而认为蒙军内乱有助于议和,于是一方面以蒙军强悍、军情危急谎报朝廷,恐吓理宗与众大臣;一方面则派了宋京前去跟攻打鄂州的元军主帅忽必烈讲和,表明宋朝愿称臣纳贡。

鄂州吃紧的军情传到了京师，京师便分成主战与主和两派，有人主张力守鄂州，但是宦官董宋臣为了自己的身家性命，提议迁都。正当京师内部为了主战与主和吵闹不休之时，贾似道向蒙军提出求和的条件为"以长江为界，岁奉银绢各二十万"，也不管这议和的条件是否屈辱、是否得到朝廷的允许，只要忽必烈肯撤兵，他便可以报功请赏。忽必烈此时正急欲北归处理内乱，贾似道乞和之举正中忽必烈下怀，于是忽必烈便答应撤兵了。

忽必烈撤兵的消息一传到贾似道耳里，他立即厚颜无耻地谎报京师："我军英勇，三路皆大胜，忽必烈大败，已退回北方，鄂州之围解除了。"贾似道对私自乞和之事一字不提，还谎报自己连战皆捷，大展神威赶走了蒙军。更荒谬的是，理宗始终被蒙在鼓里，还认为贾似道退兵有功，拜他为右丞相，加封太子太师头衔。

朝廷被奸臣把持，军事、政局混乱到如此地步，眼看亡国之祸就在眼前了，此时文天祥在哪里呢？

文天祥服丧期满，带着弟弟再次应考，并补行"门谢礼"①。弟弟文璧这次倒是争气地顺利考取了进士，文天祥同时在京师等待朝廷授官的旨意。在京师的这段日子，朝廷内部正为了鄂州之围人心惶惶，百官们众说纷纭，朝廷内主战、主和两派争执不下，政情陷入胶着，皇帝只好下诏求言，希望征得有识之士，提出解决之道。文天祥便写了一篇万言书上呈，建议将提议迁都之人斩首以稳定人心，并提议建立方镇军守制度，以巩固边防。

文天祥此时不过是刚要出来做官的小伙子，一般人此时赶着到处逢迎巴结都来不及，他却胆敢提议将得势宦官董宋臣斩首，展现了初生之犊不畏虎的胆量与勇气。他一片为国、丝毫不考虑自己利益的赤胆忠心，在此时便显露无遗了。他不畏强权的行为，也衬出其他大臣的趋炎附势、软弱无用。可惜，当贾似道虚假的鄂州捷报一传来，这呕心沥血写出来的万言书便无人理会了。而文天祥的仕

---

① 门谢礼：状元领着同榜进士至宫门谢恩的一种礼仪。文天祥中状元后不久，便遭父丧，因此没来得及行门谢礼就回乡了，所以需要补行，行礼之后，朝廷才能授官给他。

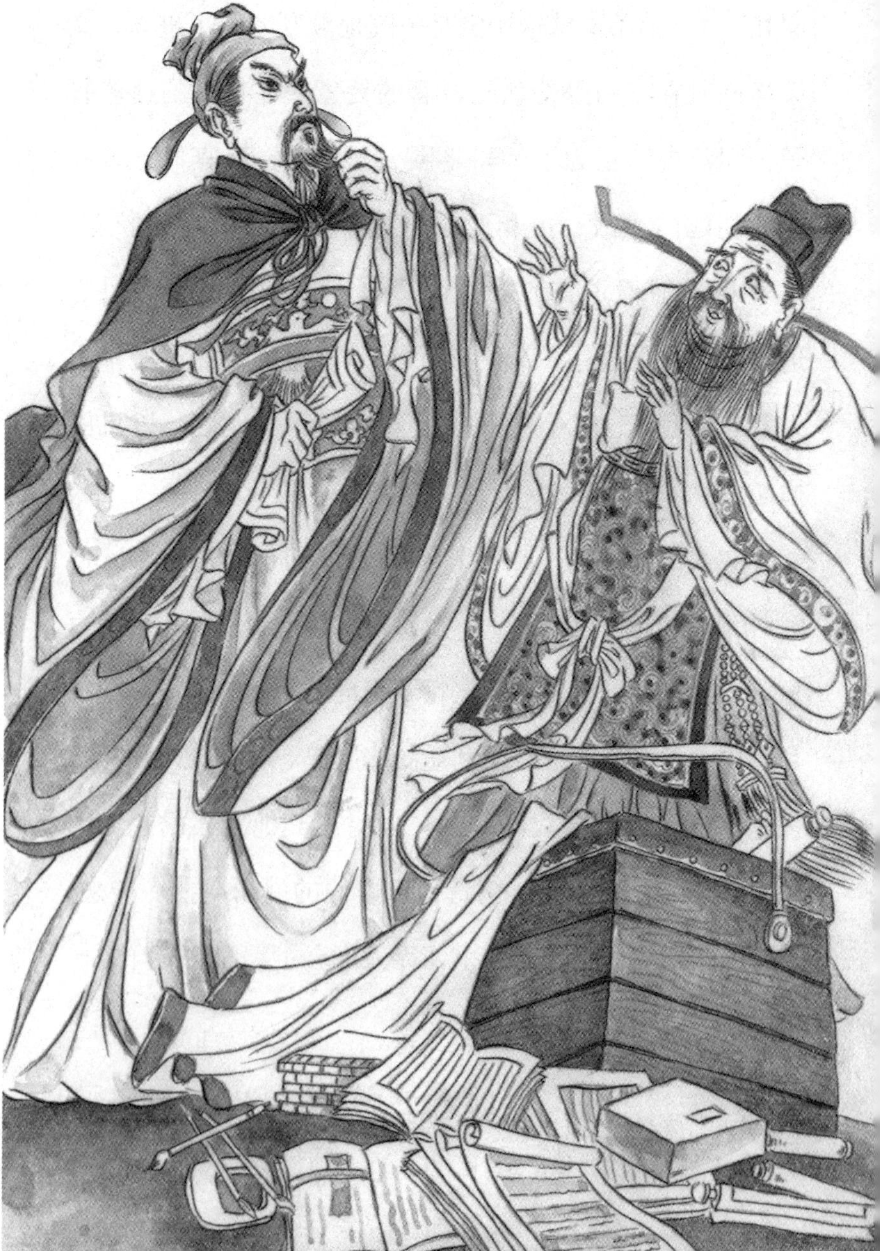

宦之路，便也因得罪了权贵奸臣而走上了坎坷之途，朝中的恶势力不肯让他留在京师，于是他被赶出京城，出任江西的地方官。

4. 奸相祸国，文天祥再度离京

话说忽必烈率兵退回北方，肃清内乱后，忙着重新分配蒙古内部的权力，一时间抽不出身再举兵南下，便派了使者郝经前来详谈之前议和的条件。贾似道一听到郝经前来，生怕自己的谎言被拆穿，赶忙派人半路拦截蒙古使者团，并扣留在真州城内。京师临安，还笼罩在一片太平的假象中，贾似道甚至还在西湖畔为自己建了一座行馆，命名为"半闲堂"，表示国家太平和乐，没有紧要的军国大事需要处理，自己这个做丞相的，已经可以偷闲养生了！

贾似道的卑鄙行为还不止于此。景定五年（1264年），理宗驾崩，太子即位为度宗，贾似道故意在此时要求辞去相位，并指使人谎报蒙军攻打湖北的下沱。接报后满朝惊骇，不知所措的度宗，与母亲谢太后赶忙下诏请贾似道回到临安处理政事，一连派官员八次迎请贾似道，贾似道这才悠悠地表示愿意回到临安。度宗咸淳三年（1267年），他又故伎重施，宣称自己年纪大了，要辞官归养，度宗一日遣使十数次来到贾府挽留，并准许他三日才上一次朝，又加授他平章军国重事的官位。咸淳五年，贾似道又称疾求去，度宗甚至流着眼泪哀求，再准许他六日上朝一次。度宗像是贾似道手里把玩的小白鼠，被一再重复的花招唬得一愣一愣的，南宋的朝政也在祸国奸相的操弄粉饰之下，继续在风雨飘摇中维持表面的太平。

咸淳六年，文天祥终于被调回京师，担任负责起草诏书的学士院权直，虽然权力不大，但总算有了伸展抱负的机会，然而正直不阿如他，没多久就又丢官了。因为不久贾似道又使出同样的伎俩——称病辞职来要挟度宗，硬要辞去平章军国重事的职务。度宗急了，立即命令承办文书的官员赶紧草拟一份诏书来挽留贾似道。

草拟诏书的差事落到文天祥手上，一想到贾似道意图要挟皇上的卑劣行为，文天祥便咬牙切齿，哪里还肯写挽留的诏书？但是皇上这样交代下来，即使有千百个不愿意，还是得硬着头皮写，但是文天祥不肯卑微地恳求贾似道留下来，反而写道："……大臣应以国家安危为重，国家利益当前，哪有余力顾及自身的性命？更何况丞相才五十余岁，正值壮年，怎么可以以生病为由来辞官呢？因此丞相提出辞官的请求，是不应当准许的啊！"这不但没有贾似道预期的那样慰问劝留，反而借着诏书将贾似道训斥了一番。然而，这份草拟的诏书还没来得及给皇帝过目，就已经被贾似道探得内容大概了。对贾似道来说，辞职只是虚晃一招，目的是在要挟度宗，他怎么可能接受这样的责斥诏书呢？于是贾似道私下命人另拟一份合于自己意思的慰留诏书，再送给皇帝签名，而懦弱的度宗生怕贾似道真的辞职，便驳回文天祥写的那份，采用了另一份。

奸臣当道，皇帝又不明是非，竟采用了另一份"恳求"贾似道留下来的诏书，而将自己的稿子批回，文天祥除了气愤，更多的是伤心，伤心度宗没识破贾似道卑鄙的真面目，反而被其操纵，伤心国家朝政一日比一日荒唐……沮丧的文天祥决定挂冠求去①，而贾似道一方面假惺惺地慰留文天祥："只不过是文书这样的小事，何必因此而辞官呢？"一方面又令人上奏弹劾文天祥："连草拟诏书这样的小差事都做不好，留着他又有何用？"文天祥刚提出辞官的请求，准备收拾行李离开京城，朝廷给他的免职令也下来了。

北方的情势呢？忽必烈已在燕京即位成了皇帝。他见派去的使者久久不归，再三遣使前去询问亦没有消息，不免动起肝火来了。咸淳四年，忽必烈以阿术及汉人刘整为将帅，率领蒙古大军，直接围攻湖广咽喉所在地襄阳。

当时的襄阳守将吕文焕，极力抵抗之余，也向朝廷请求支持，然而贾似道害怕战争的消息会打乱临安城内他苦心经营的和平假象，竟不将襄阳被围的事情奏知度宗。

---

① 在古代，贤明的君主在位时，负责拟稿的学士院权直若没有一定的学养是不能出任的，皇帝也会赋予他相当的尊重与礼遇。通常是学士院权直拟了稿，皇帝签名即发诏，几乎不改动任何一个字。而上层若对学士拟出的稿子加以改动，便是侵犯了学士的拟稿权，有骨气的学士通常以"己不称职"的理由请求解职离去，以显示出捍卫自己理念的决心。

吕文焕久久等不到援兵，襄阳的战事就这么有气无力地拖延着，一直拖了三年。咸淳六年，一名宫女偶然在言谈间透露了襄阳被围三年之事，度宗便在谈话间询问贾似道："听说襄阳已经被围了三年了，丞相那儿有没有新的消息？"贾似道居然勃然大怒："蒙古兵早就退回北方了，是哪个人这么大胆，敢虚造不实的谣言？陛下是听谁说的？"度宗看到贾似道立即变了脸孔，却一点也摆不出皇帝的架势加以责问，只是喏嚅答道："是宫里的侍女说的……"贾似道便立刻下令追查那位"造谣"的宫女，再随便编个理由将这名宫女赐死了。经过此事，朝内、宫里，再也没人敢提起任何与边防有关的事务，朝中更是任凭贾似道一手遮天。而蒙古见襄阳久攻不下，便采用汉将张弘范的策略——断绝襄阳、樊城的粮道。襄、樊失去了粮食的补给通道，从此更是陷入了苦战。

咸淳七年，蒙古定国号为"大元"。隔年，忽必烈采取先攻樊城、再下襄阳的策略，而襄、樊却苦苦等不到朝廷的援兵。咸淳九年，樊城被破，守将范天顺自缢，襄阳守将吕文焕见樊城已破，朝廷竟无声无息，无一援兵来救，便拱手出降，将襄阳城送给了蒙古。襄、樊为军机要地，两地的失守，是南宋亡国的前兆，但此时的南宋，却有如睡在沉沉大梦中，浑然不觉。

5. 鄂州失守

被免职而离京的文天祥，回到了家乡富川镇。之前赋闲在家时，他曾在家门外不远之处，发现了一个风景优美的好地方——文山。文山有山石，有溪泉，曲曲折折的山路小径，蜿蜒有十余里长，闲暇时散步其间，欣赏山光水色，既可养生，又可陶冶性情，真是再好不过的隐居之处了。文天祥因此暗自下了决定：要在文山建造一座宅子，日后便可天天徜徉于明山秀水中，忘却一切的忧虑烦恼。现在，文天祥被免职回家，终于可以一偿宿愿，起宅文山！

然而，文天祥被免职的同时，却也是襄、樊告危之时。回到家乡后，随着襄、樊的情势愈见危急，文天祥的心情也愈见沉重，虽然当初是自己对朝廷失望才要辞官回家，本来再也不想过问朝中之事，然而日子一久，忧国忧民之心与日俱增，文天祥很难再保持刚辞职回家时那种"无官

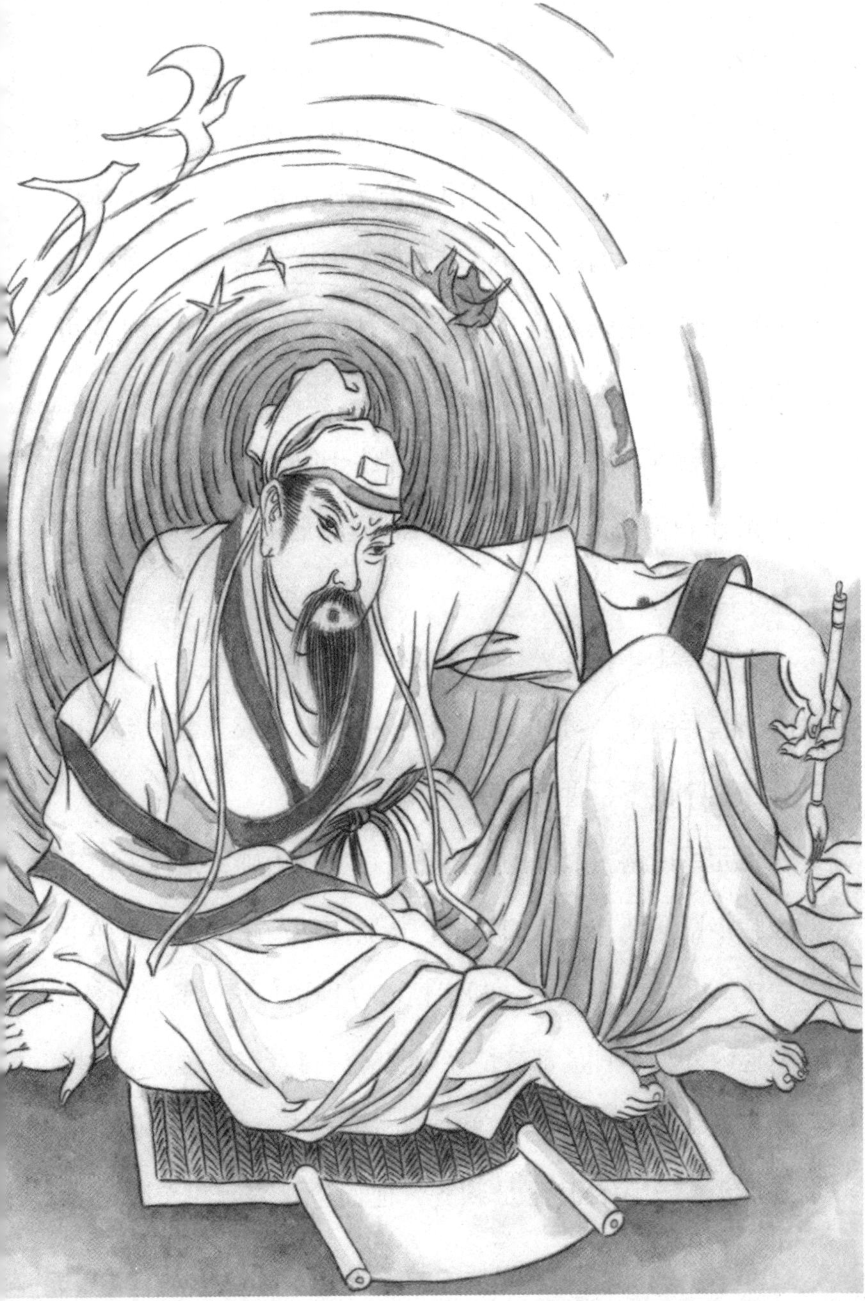

一身轻"的悠闲，反而整日忧心忡忡起来，起宅文山的速度也因此慢了下来。南宋情势一日比一日危急，文天祥恨不能赶快尽一点心力，然而却苦无任何机会。文山原本应该是怡情养性的好地方，现在在文天祥看来，却有如囚室一般：眼见南宋衰弱，他却只能枯坐在这里，毫无任何可施力之处……焦急又苦闷的文天祥，还因此病了一场。

等啊等，咸淳九年，文天祥终于收到起复的诏令，命他出任湖南提刑。然而文天祥还没到任，襄、樊便已陷落了。

咸淳十年，文天祥请调赣州知州。这一年，元世祖忽必烈起兵南下，再度攻打鄂州，并打算在取下鄂州后，由长江顺流而下，直破临安！

元军以南宋投降的襄阳守将吕文焕为帅，招揽了南宋经验丰富又熟知地形的将领，从襄阳城一路随水东流而下进攻。此时临安城内，却正忙着办理贾似道母亲的丧事，朝廷内外大小官员都赶忙穿戴整齐，打点着要送贾家的挽联、素彩，预备到半闲堂哭灵、送葬去了。贾似道母亲出殡那天，文武百官全员到齐，他们争相表示对贾似道母亲的哀悼，悲凄的神情，好像贾似道的母亲就是自己的母亲。再过不久，度宗皇帝去世，京城里一件大丧事还没落幕，又赶着办另一件。新即位的恭帝年纪尚小，由老太后谢氏暂时垂帘听政。

临安城内此时是丧钟齐响、纸钱纷飞，而长江上游那头也敲起丧钟来了，蒙古军的势力步步进逼，毫不放松地进攻长江两侧的城池。

其中新城守将边居谊虽坚决抵抗，但仍旧不敌，城破，他与部下三千人奋战到死，三千人中无一人投降。忽必烈派遣伯颜攻打郢州，宋将张世杰力守，然而却有前来支持的将领夏贵、朱禩孙等人畏惧元军势力，还未开战便先逃跑了。荆鄂都统程鹏飞未能取胜，鄂州权守张宴然见其他将领败的败、逃的逃，感到势单力薄，竟投降了，接着程鹏飞也投降。鄂州陷落。

宋朝是真的没有兵力了吗？事实并非如此。

在元朝尚未出兵前，有一个制置使汪立信写信给丞相贾似道，献上对元进兵的对策，他提到宋有兵力七十余万，可立时集结统领，加强防御、准备作战，此为上策；

否则先遣使者前去送礼，以延缓元出兵的日期，拉长我方准备作战的时间，此为中策；再来便是连抵御都不用，直接投降议和了，此为下策。这信送到贾似道手里，贾似道大骂："逆贼，竟然敢出此狂言！"心里谋划的却不是如何调兵遣将，而是该如何议和之事。

鄂州失守后，身为丞相的贾似道再也无借口推卸责任，于是他上书给谢太后，先是痛陈襄、樊的失守，全是因为无人统摄大局，军民混乱，莫衷一是，以致被敌方各个击破，一败涂地，现在鄂州局面如此，他再也不能在朝中坐视不管了，他要亲自上前线去督师。这封信写得义愤填膺、慷慨激昂，谢太后看得是频频点头、感激涕零。另一方面，贾似道却又命同党的人上书给太后，力陈朝廷怎可一日无相，像贾丞相这样的栋梁人才，更应放在京师镇守大局，以安定人心。一正一反的官样文章，让老太后看得头昏眼花，连主意也拿不定了，白白拖了两个多月，既延误了决策的时机，又给了元军充裕的时间来收整兵马、拟定战略。

谢太后见长江战事愈发不可收拾，急忙下了个"罪己诏",要全国起兵一同"勤王"①。诏书的内容,要求文武大臣,既食朝廷俸禄,理应不避患难为国家立功;而今敌人闯我长江,我朝军士务当同仇敌忾,共同响应勤王救国。至于为什么会弄到今日这种破败的局面,仅以"壅于上闻"一语带过,指称在上位者不是不懂得体恤下民,仅是被蒙蔽了视听,就这样推卸了应负的责任,丝毫没有痛定思痛的迹象。

贾似道推托了两个多月,听到元军的汉人将领刘整过世的消息,心里定了一下,这才终于率领兵马在芜湖督战。元军集结的兵力约有二十万人,扣除驻守已攻下的城池的人马,顺着长江打下来的军队最多只有十来万;贾似道统领的军队约有十三万,而且都是从各路军师抽调出来的精锐,本是有实力与元军对抗的。可是贾似道根本无心作战,他表面上看起来要打,私底下却早早派了使者前去商谈议和的条件。

贾似道将十三万人中最精锐的七万人交给下属孙虎

---

① 勤王:王室有难时,诸侯、大臣起兵救援平乱,称作"勤王"。

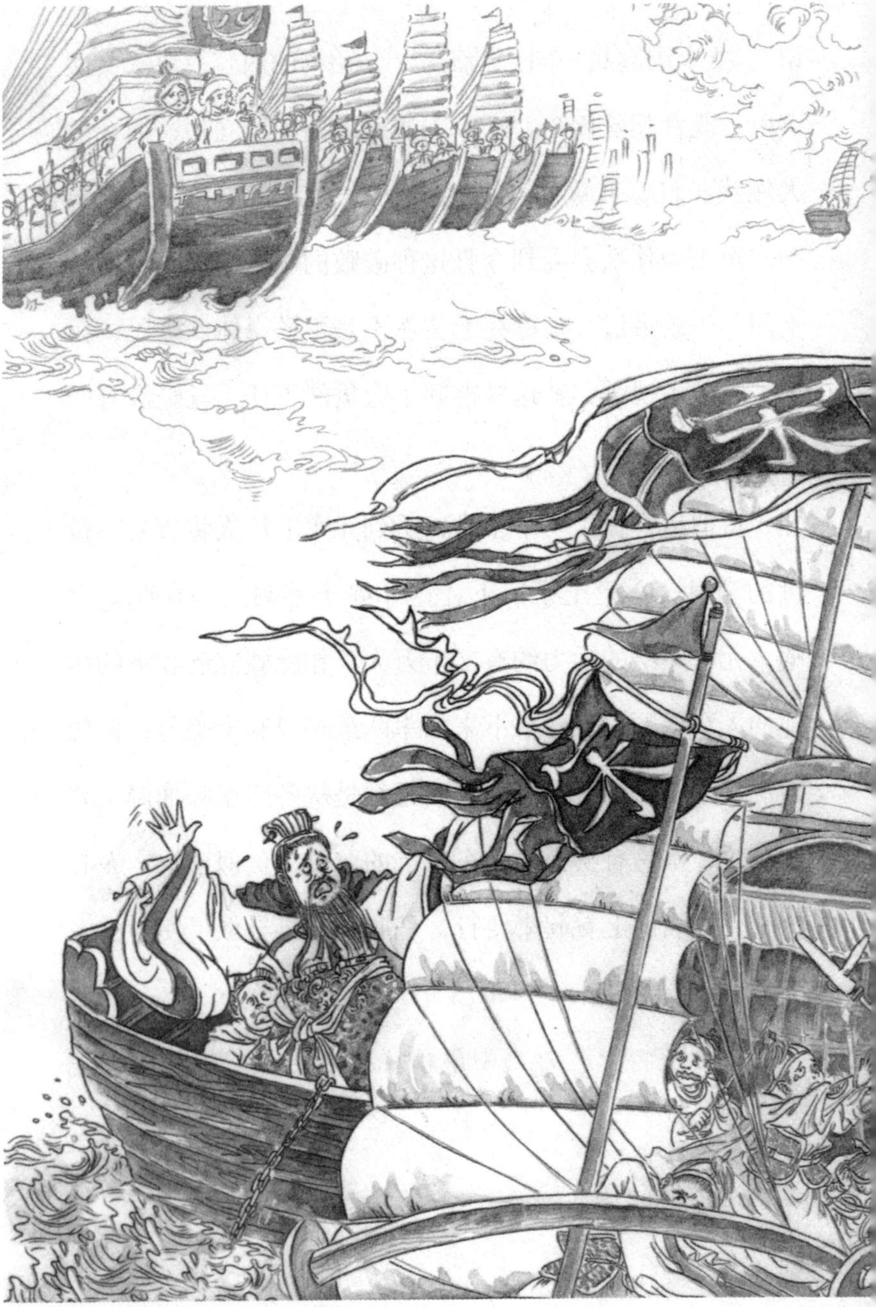

臣率领，自己则躲在后方督军。但最高的统领将帅无心作战，底下的将领与兵士又怎么会誓死效命？宋军与元军交战未几，就传出孙虎臣带着妻妾逃跑的消息。消息一传开，整支军队陷入混乱，更加深了兵士们惶恐的心情；而本应率领水军阻挡元军的淮西制置使夏贵，见此情景连仗也不打了，赶忙搭上小船逃命去了。

贾似道派人去求和，但是上次议和之事根本还是一团烂账未清，现在情势又明显对元军有利，求和之议，忽必烈哪里听得进去？求和无门，没办法，贾似道心中纵有千百个不愿意，也只能硬着头皮迎战，但底下部属个个胆小怕死，没人愿意冒着生命危险上战场一拼生死，于是大家商议好，敌来我便退，到时以鸣锣为号。

元军果然来了，三更时分的江面上，隐隐出现了元兵的船只及人影，还没看清楚呢，从来没打过仗的贾似道便吓得六神无主，立即吩咐鸣锣，并即刻掉转座船逃命去了。锣声一响，军心即刻涣散，宋军连打都没打就全部撤退，暗夜的火光中，大伙儿你推我挤，没命地奔逃。十三万大军——宋朝兵力的精华，就在一夜之间全数溃散。

6. 起兵勤王

　　另一方面，谢太后发出的勤王诏有没有得到任何回应呢？南宋朝廷，上至太后、皇帝，下至丞相、将领，一遇到战事，摆明了便是无心恋战。这点，底下的官员、百姓看得清清楚楚：他们看到吕文焕投降元军，但他的侄儿吕师孟还可以当兵部尚书；夏贵在鄂州之役时便有不战而逃的纪录，但是依旧稳稳地做他的淮西制置使，直到芜湖这场战役，再重新上演"奔逃记"。上面的人对残破的江山无心到这种地步，底下怎么会有人愿意替朝廷卖命？

　　然而，令人感动的，在这样的情况下，还是有一群人为了保卫国家民族、守护家园亲人，愿意英勇地站出来响应"勤王"。文天祥便是带头的那一位。

　　他看到老太后的诏书写着："还仰赖着诸位担负国家重任的文武众臣及忠肝义胆之士，既然领受朝廷俸禄，国家有难，自当挺身救助，共同剿灭敌人，建功立业。"文天祥想到自己当初荣登状元，蒙受皇帝钦点之恩，而自小读了圣贤之书，就是想着有一天能为朝廷尽一些绵薄之力。如今南宋正是危急存亡的时刻，身为朝廷栽培的文官，掌有影响百姓生活的权力，自然应当立即起兵救宋。想着想着，文天祥热泪盈眶，痛下决心要起兵勤王。

说时容易做时难，首先，士兵在哪儿？找来了兵，哪里找来粮饷以养活一支军队？这时，可就要靠其他忠义之士的帮忙了。赣州有个陈继周，在赣州任官二十八年，虽然已退休养老，可是在地方上还具有相当的威望，他的儿子又是太学生，自然不乏有人前来结交，凭着这样的人脉，陈家在赣州颇具影响力。陈继周父子是著名的乡绅，深明大义，又敬服文天祥的学识及为人，因此当文天祥登门拜访请求帮忙时，他们便一口答应，凭着他们的人面四处奔走，募到了不少经费与人力。文天祥其他的朋友，也都利用自身在各地的影响力，号召了不少豪壮之士。

募兵和筹粮之事渐渐有了初步规模，于是其他州县的义士也纷纷前来响应，两三个月的时间内，一支以百姓为主的义勇军成立了。见到这么多志同道合的好伙伴,士兵们的士气相当高昂,大伙儿紧锣密鼓地展开军事训练,预备给元军来个迎头痛击。文天祥也兴奋极了,他以文官出身,现在要身兼武职,居然有这么多豪壮之士愿意在他麾下效命,而且个个都是铁血丹心的好汉子、好兄弟!他抱着拼死的决心给自己赶制了一件战袍,里面绣了一行字"拼命文天祥",想着有一天若是为国捐躯了,别人看了名字也好辨认出他来。

为了养活这支几万人的军队,文天祥势必得筹募更充足的粮饷。愿意出力的穷人家已经相当了不起,怎么可以再让他们出钱?对于有钱的人家,要如何说动他们捐出大笔的经费呢?文天祥决定,捐出全部的家产充作军费。一来,几万人的吃喝开销甚大,若只拿出部分的家财,只怕也支撑不了几日;二来,文天祥希望借由这样"尽倾家赀"的举动,激起乡里仕宦人家的爱国热情,进而踊跃捐献。文天祥此举可谓破釜沉舟,完全没替自己留后路。

一些关心文天祥的好朋友,向文天祥提出了质疑:"元军勇猛暴虐,一路势如破竹,现在要带领一群临时组织而成的民兵对抗元军，不就像是领着羊群去与猛虎搏斗吗？胜负可想而知！"

文天祥回答道："实力悬殊的情况我是了解的。我是痛恨，国家到了现在这个地步，竟没有人起兵共赴国难、捍卫国土，纵然我是不自量力，但只是想尽一分为人臣子的忠心，就算以身殉国也在所不惜！我只希望，因为我们的起兵，而能号召天下有识之士一同响应，人人皆有救国之心，国家才有救啊！"

文天祥倾尽家产的举动及赤诚的一番谈话感动了故乡父老，于是，筹募粮饷的工作进行得更顺利了。在众乡亲的支持下，这支义勇军浩浩荡荡地出发了。

鄂州已破，临安告危，这么一支忠义的勤王之军，首要之务自然是前去捍卫京城。此时京城的右丞相[①]已由贾似道换成了陈宜中。贾似道无能又贪生怕死，在他领兵

[①] 宋朝的丞相制度乃沿袭唐朝制度而来。唐朝设尚书、中书、门下三省，皆为丞相。其中尚书省长官为尚书令，其下又设有两个副长官，一为尚书左仆射，一为尚书右仆射，实际执行尚书令的职权。演变至后来，左、右仆射兼同中书门下平章事成为实质的丞相，故有左、右丞相之名。

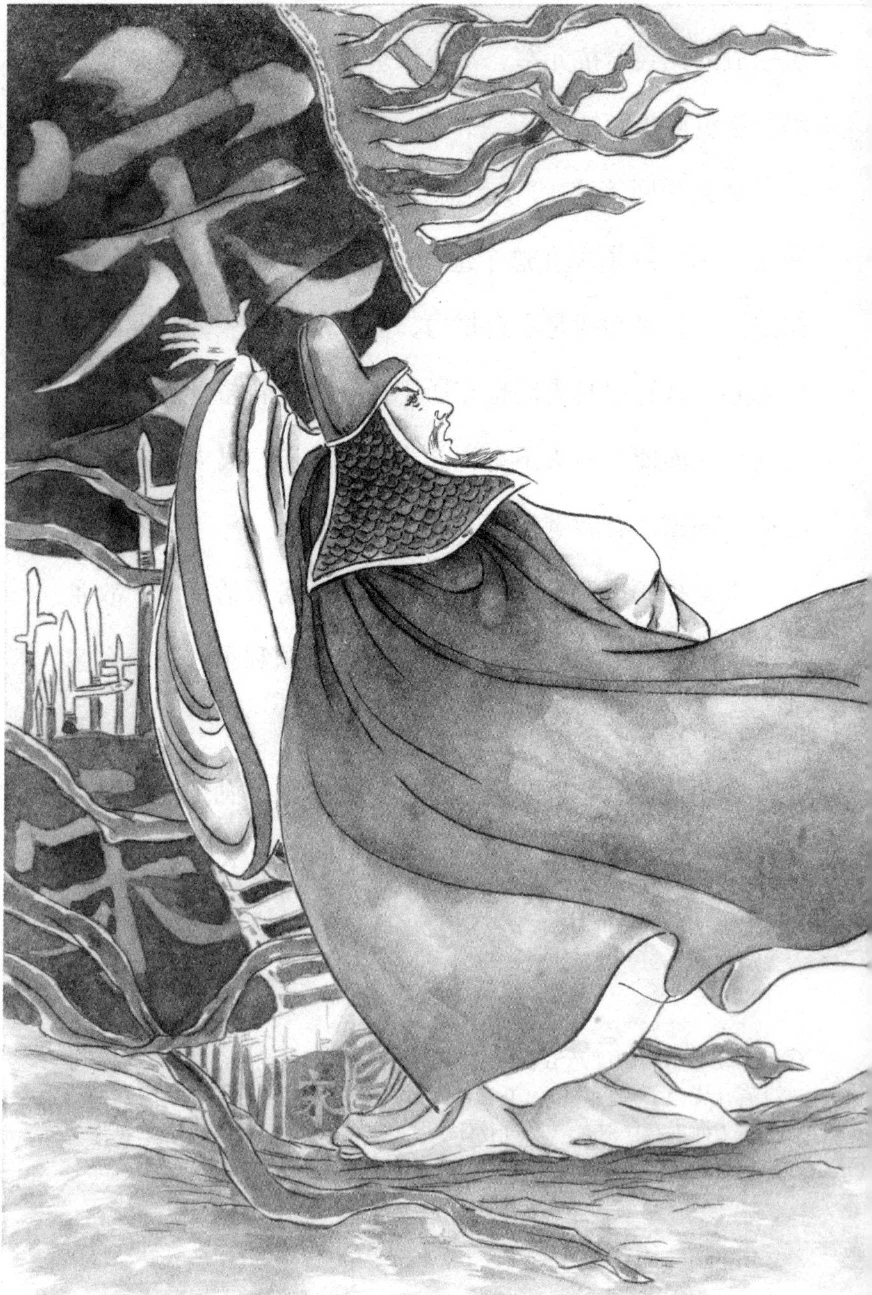

下，十三万的精锐大军全军覆没，如此的失职，使得国家情势更显危殆不安，谢太后却顾念着贾似道乃三朝元老，只轻轻地判他个"免职"，作为对全国人民的交代。朝廷既然无心作战，换上来的新丞相，自然也是主张投降的，对于文天祥组成的这支义勇军队自然看不顺眼，更害怕文天祥带来的这支军队会阻碍他们与元军的议和。

朝中当时的左丞相王爚，力促文天祥入京。然而陈宜中却不作理会，甚至打击王爚，逼他出京，换了同是投降派的留梦炎当左丞相。这些荒谬的做法，引起了太学生强烈的抗议，他们共同跪在宫门口请愿，上书怒斥陈宜中的谬误。陈宜中感觉颜面尽失，生气地跑回家乡温州去，朝中大事暂时交由留梦炎处理。留梦炎看出谢太后倾向投降的意图，再加上有人因嫉妒文天祥，故意进谗言挑拨是非，说文天祥的军队不过是一群没有受过训练的民兵，缺乏作战能力，并诬蔑文天祥仗着手上的军力，嚣张跋扈，不把他人放在眼里，于是留梦炎找了个借口，命文天祥驻扎在隆兴府，不准将军队开往临安。

本来是入京勤王的义勇军，现在却奉命不许入京，收到这样的诏书，文天祥哭笑不得。然而文天祥并不打算对投降派屈服。他决定将军队先驻扎在吉州，也不愿意奉旨开往隆兴。也有人上书替文天祥抱不平，说这样的军队是忠义的组合，若能好好运用，必能替朝廷拼死效命；相反的，若留屯不用，兵士们的热情一旦衰退，岂不是又白白损失了一支优秀的队伍？文天祥也上书与朝廷抗争，驳斥他的军队是乌合之众的说法，坚决要求朝廷收回"屯驻隆兴"的成命。然而，朝廷驳回了文天祥的上奏，文天祥于是继续留在吉州，与朝廷僵持着。

而同时，长江上游的战事益发紧张起来，一个城池紧接着一个连续失利，临安城开始动摇了，全城笼罩在不安与恐慌的阴影中。慢慢地，百姓们发现，除了上游各州有相当多守城的将领弃守城池外，城里的大小官员，也跑得差不多了。消息一传开，街市上更冷清了，留下来的都是些没钱没势，想走也走不了的百姓。他们整日躲在家中，一有个风吹草动，便惴惴不安，生怕是元军的脚步踏进城中。

一天，有军队进城了。百姓们吓得躲在家里不敢出来，过了好久才弄明白，原来是张世杰的军队吃了败仗，

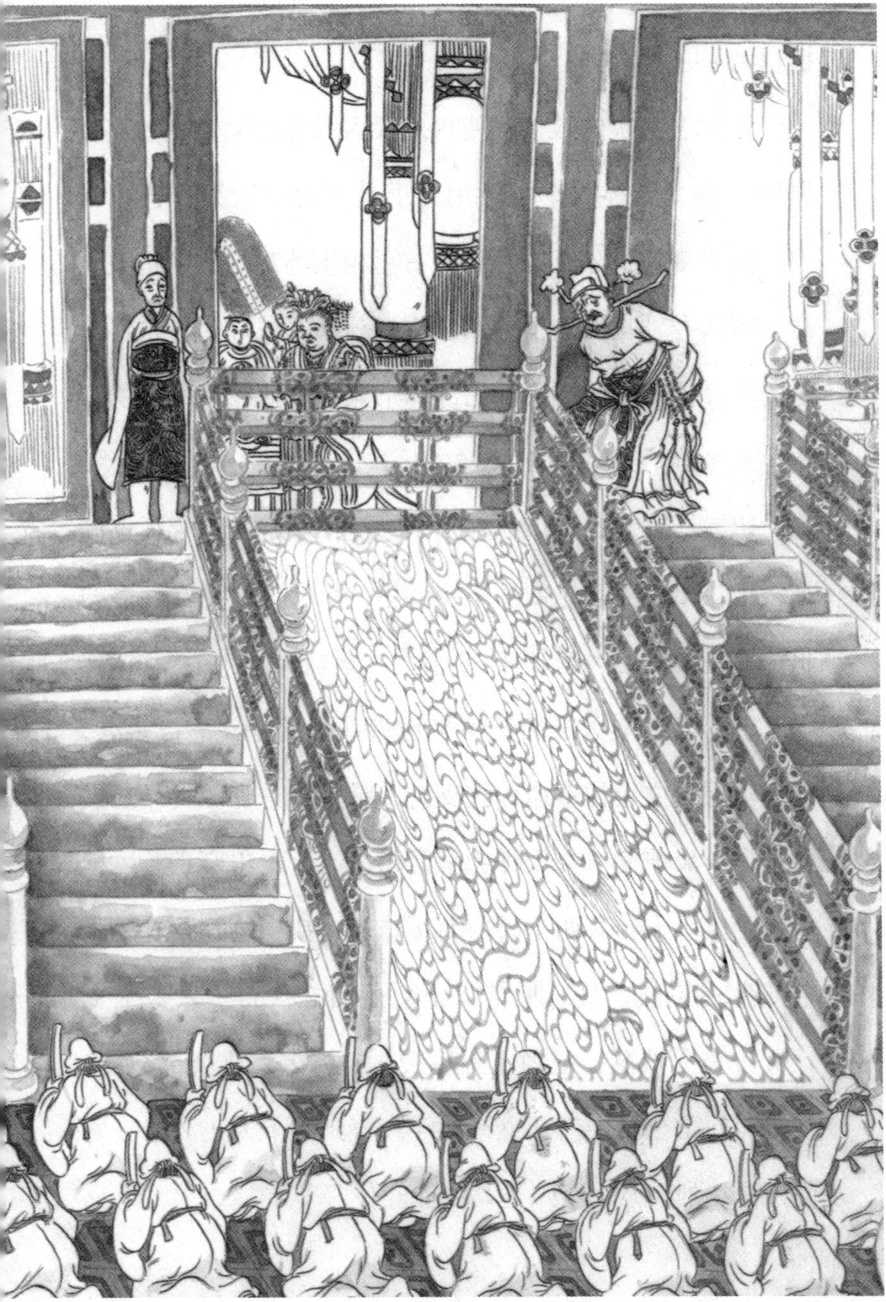

撤退回来了。

　　张世杰这次的败仗，使得老太后紧张起来，也才突然想到还有文天祥的军队可用，于是下诏命文天祥进京捍卫。但留梦炎、陈宜中两位左右丞相想的却是如何把文天祥的军队夺到自己的手上，以增加与元军议和时讨价还价的资本。他们先给文天祥工部尚书兼都督府参赞军事的职位，意图巧妙地解除文天祥的兵权，但文天祥坚辞不受，陈、留二人见诡计未能得逞，于是促使朝廷将文天祥连同军队排除出临安。老太后不明就里，给文天祥平江知府的职位，并催促他火速赴任。

　　不得已，文天祥愤愤不平地带兵去了平江。没多久，常州被围，文天祥奉命前往支持，陈宜中并加派自己的人马张全领兵前往。文天祥为解常州之围，派出麻士龙、朱华、尹玉等人领着两千兵与元军作战，战事陷入胶着，张全却坐视不救，最后见情势不对还溜之大吉。尹玉率领五百人奋勇抵抗，但因无人后援，五百名兵士全部战死，尹玉即便是全身中箭还继续战斗，直到倒下为止。这一场仗打得壮烈，然而常州还是没能守住。

7. 出任丞相

　　常州失陷，临安情势更为吃紧。主和派想着要投降，于是赶紧联络已投降元军的前襄阳守将吕文焕，巴结着吕文焕的侄子吕师孟，希望吕师孟帮忙传递消息给吕文焕，再让吕文焕在元人面前说些好话。

　　元人伯颜在此时打进了临安的大门口——独松关。左右丞相留梦炎、陈宜中赶忙调派文天祥戍守临安，打算放弃平江府。文天祥明知一旦带兵前往临安，平江便是失守，却不得不忍痛奉命赶去捍卫临安。

　　敌军已来到临安城外。

　　左丞相留梦炎第一个感到事态不妙，脚底抹油——溜了，堂堂左丞相，成了出逃者。面对强敌压境，老太后大惊失色，陈宜中赶紧拟了份投降的计划，打算割地赔款，兄弟相称，然而这样的提议被元军拒绝了。

"那么以叔侄相称吧！"朝廷里商议出这种解决的方法，但伯颜仍是不肯接受。

"称对方为叔祖父，我们为侄孙子呢？"使者再度传话给伯颜，再度遭到拒绝。

老太后完全慌了，涕泪滂沱地说："那么就称臣吧！"

使者再度带着议和的条件前去谈判，内容是：称臣、上尊号、每年进贡银两与绢匹，并相约在长安做正式协商。

这样的耻辱，文天祥简直无法忍受，连陈宜中都害怕自己留个万世臭名，约好谈和的当天，他没有依约前往长安。

没去谈判，元人就要打来了。该怎么办呢？文天祥之前曾提出分封益王、广王出镇闽、广的计策，便是思考到，若临安不保，是该将王室势力延展至南边，以期还能占有安全的根据地，以便谋图复兴的大计。这样的计策，朝廷一直没采纳，现在情况不妙了，陈宜中终于向老太后提议迁都，但陈宜中是这样说的："临安以南，大宋还有广大的土地，只要能搬到敌人追赶不上的地方，还是照样有太平日子可过！"老太后终于同意了，一边吩咐满朝文武准备迁都，一边回宫叫宫人们收拾细软，并着手安排出走的路线。

陈宜中没去谈和，伯颜的使者来了，目的是要来向陈宜中讨个回话。"究竟是怎么回事？你不来谈和，我们就派兵来捉你回去好好谈！"使者撂下了狠话，扬长而去。这样的恐吓对陈宜中起了很大的作用，陈宜中连夜收拾行李，步上留梦炎的脚步，成为第二个弃职潜逃的丞相。

第二天清晨，老太后打点好一切，等着陈宜中前来见驾并处理迁都的事宜，却久久不见陈宜中到来，派人宣召陈宜中上殿，也没个回应。"给我搜遍整个临安城！"老太后气得下令。出外打探的人回来了，带来了陈宜中确实已潜逃的消息，于是官员来前请示太后："启禀太后，陈丞相确实不在城内，那现在还迁不迁都呢？""都给我滚出去！"老太后气到发狂了。

现在怎么办呢？究竟是走或不走？元人就要打来了！

"再找个人前去谈和吧！"有人提议。可是现在朝中左右丞相都不在，有什么人适合前去谈和，难道再把留梦炎找回来？放眼望去，朝中大官能逃的都逃了，剩下的实在不多，留下来的，若不是如文天祥这样坚决的主战派，就是已经与元人暗中串通，早就安排好自己后路的投机分子。更何况，在这种情况下出任丞相，任谁都会避之唯恐不及。

也只有在这种情形下，老太后才想到了还有文天祥这个人，旁边也有人以看好戏的心态极力鼓吹："听说文天祥很有办法，那派他去见伯颜好了。"德祐二年（1276年）正月十九日，朝廷拜文天祥为右丞相兼枢密使，并都督诸路军马，自这天起，大家都称呼文天祥为"文丞相"。当然，太后要交给文天祥最重要的一个任务，便是命他去面见伯颜商谈议和之事。

前去议和、议降，当然是文天祥极为不愿意的。但国事至此，没有人出面去元营走一趟，朝中之事只会继续混乱下去，文天祥不得不去，但他决定辞去丞相职位，改以资政殿学士的身份前往。不以丞相的身份前往，是要向元人表明他没有当国的权力，因此也绝对不是来议和议降的。文天祥抱着一丝天真的期盼，希望能对伯颜晓以大义，说服他们退兵，以保双方和平。

文天祥的部属见文天祥要代表宋朝出面，个个雀跃不已，认为文天祥出头的日子终于到了。这天，却来了个人上门拜访。"禀老爷，门外有一人持名帖求见。"文天祥看了名帖，是天台的杜浒，此人向来行侠仗义，在外颇有些豪名，前阵子还集合了四千名义兵打算投在文天祥帐下，是名刚勇又讲情义的好汉子。"请他进来。"文天祥说道。

　　杜浒进来了。朴素的衣裳，掩不住眉宇之间那股慷慨豪气。他大踏步地昂头进了大厅，一见文天祥，略行了见面之礼，便马上问道："杜浒在外听得人说，文丞相打算出使元营，不知是否真有此事？"文天祥的手下立刻回答："没错！我们大人已经决定扛下这救国的重任了。"杜浒一听，赶忙进言："文丞相，据小的在外探听所知，这元营……是万万去不得的，怕是元人设下机关，引诱文丞相上当啊！"此话一出，立刻引起文天祥众多手下的不满，大家纷纷出口回击："这人说话一点根据也没有，巷语街谈，如何当得真呢？"登时整个大厅你言我语，乱成一片。文天祥沉吟半晌，好一会儿后才眉头一皱，朗声说道："大家别再吵了。文某谢谢杜先生的好意，不过国事至此，天祥也别无选择，此刻但愿能尽一己绵薄之力，至于个人生死，也只能暂时抛开了。"

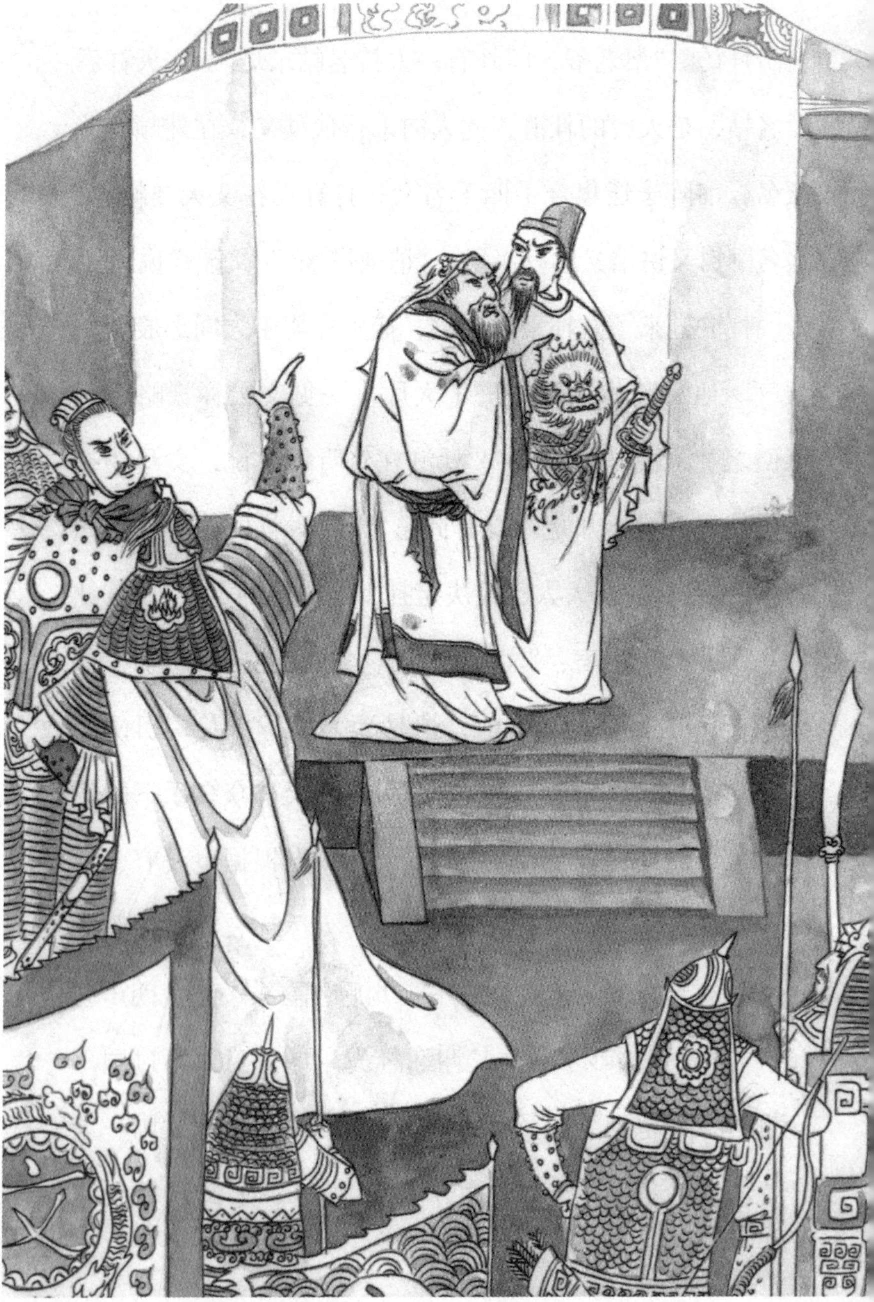

8. 入元被俘

正月二十日,文天祥代表宋朝出使元营。

文天祥进入元营,首先就让伯颜大大吃了一惊。这位文大学士,进得帐来只拱了拱手行了简单的见面礼仪,便开始陈述来意,脸上没有丝毫惧怕、讨好的神情。凛然的气概,与伯颜见过的宋朝官吏大不相同。

文天祥见了伯颜,直接阐明来意:"天祥这次受命拜相,不敢承受,先来此地与阁下商量。至于之前的宰相与阁下议和之首尾始末,并非天祥任内处理之事……"伯颜听到此处,讶异道:"什么?你再说一次?"文天祥再道:"先前宰相与您商谈之事,天祥概不知情,现在也无法针对前事再作商量。"意思十分清楚:之前陈宜中跟元人怎么谈,是之前的事,今天我不以丞相身份来此,自然也没有资格代表宋朝丞相继续处理议降的事宜,也就是说,文天祥今天来此，不是来谈投降一事的。此话一出，连一旁陪同文天祥前来的宋朝官员，也吓得面面相觑、不敢作声。伯颜更是怀疑自己是不是听错了。

文天祥再继续道："今日天祥来此，是想知道贵国的态度。我们大宋王朝自古以来以礼义治国，拥有高度发达的文化传统，贵国是打算与我们正常来往，还是打算消灭我们？"伯颜从没见过如此强硬的态度，只好引用元世祖忽必烈的话："元主有交代，必不毁宋朝社稷，也不残害黎民百姓。"文天祥道："既是如此，就请先行退兵至平江或嘉兴一带，等待贵主对处理和议之事的指示，到时我们再来详谈细节。"伯颜听到要叫自己退兵，脸色一沉，但一时间竟答不出话来。

文天祥见状，再道："如果能平等地协议，维持和平，是再好不过的事。不过……若是阁下不肯，我们大宋也不是好欺负的，只是到时祸及人民，生灵涂炭，对于贵国也没有什么利益。"伯颜按捺不住，发火道："不投降，莫非是来送死的吗？"文天祥凛然道："文天祥身为宋朝栽培的状元宰相，功名利禄非我所求，如今但愿能够一死报效朝

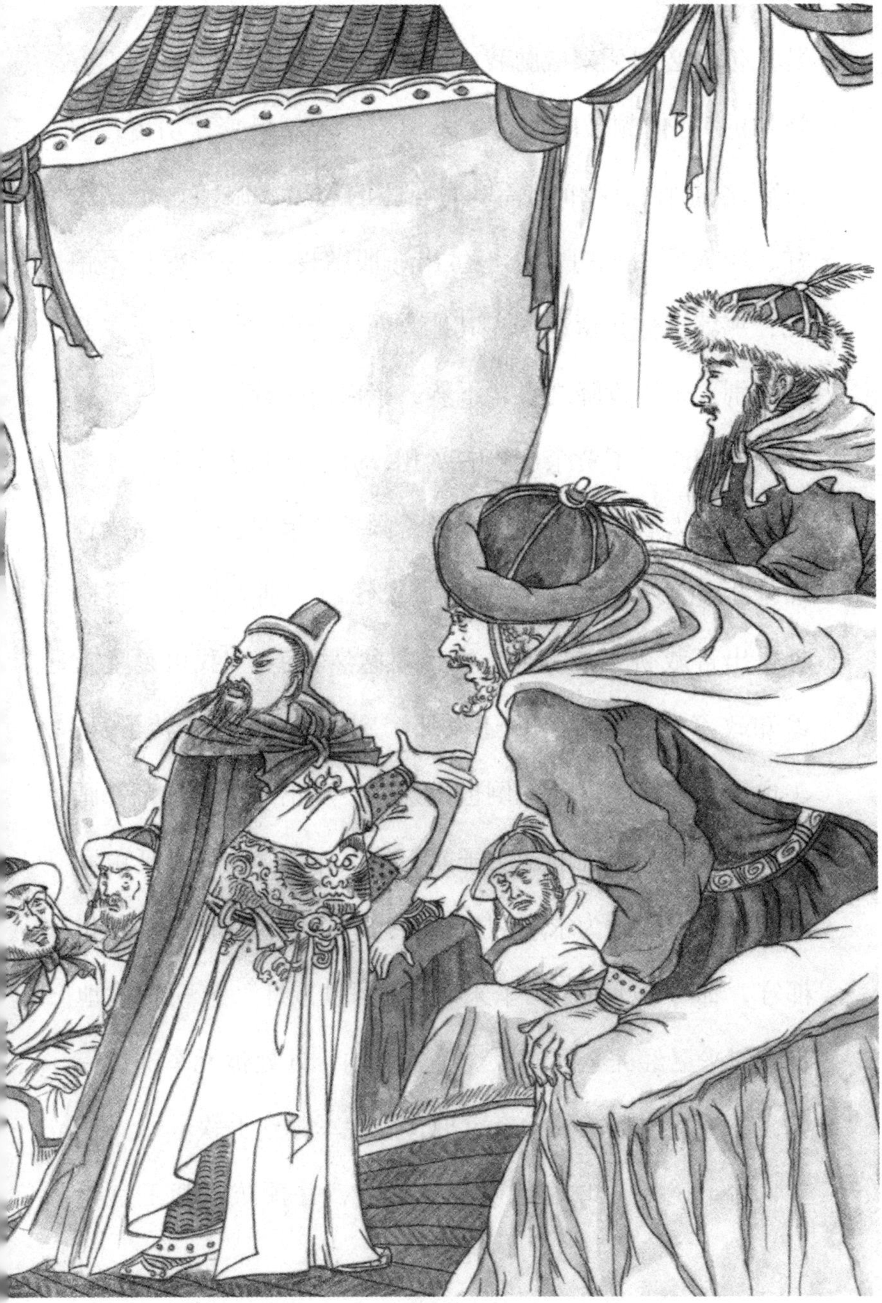

廷，你不必用死来威胁我，因为死对我来说根本没什么好惧怕的！"伯颜被眼前这个不怕死的人气得咬牙切齿，但比较之前来此议和使者卑躬屈膝的态度，眼前这个文天祥，叫人不由得打从心里生出一股敬畏。"好！好！不怕死，那就把你扣留起来！其他人回去告诉你们的主子，赶紧派别人来谈投降之事，不然，有你们好看！"

宋朝改立了贾余庆当右丞相，并立即献表投降了。当朝中上至太后、下至大臣，纷纷画押签署时，只有一人悍然地拒绝了，这就是参知政事家铉翁。别人见他不肯画押，出言威胁要捆绑他，家铉翁忿然答道："我可是堂堂参知政事，要绑我？你还没那个资格！"说完便转了身，头也不回地离去。元军倒也没奈何，反正太后、皇帝都画了押了，一个顽固的老头子能起什么作用呢，便也任由家铉翁去了。伯颜为求顺利攻下各州，命令太后传旨给各州郡守，命令他们："元军来时，即刻归附！"宋朝到这地步，似乎已经完全瓦解了。临安城内，处处被元军洗劫一空，一大堆搜刮来的珍奇宝贝，令元军搬到手软。

为了确保元政府能够稳定建立，并预防宋朝王室势力恢复，忽必烈命令伯颜将宋朝王族及官员们，成立一个祈请使团，前去燕京，表面上称作与新皇祈请，实际用意乃是将这些人员扣留在燕京，以免日后生事。祈请团的成员们包括：老太后、宋恭帝、皇后、妃子、王爷、王爷亲眷、左右丞相及各大小官员们……伯颜想，把文天祥放在南方终究令人坐立难安，于是也把文天祥放入祈请使团中。一行人像是替宋朝送葬似的，由花红柳绿的江南出发，以宋朝的大片土地作为礼物，浩浩荡荡地出发北行。

江南的春雨无奈地下着。

9. 逃出生天

　　一行人先被带到了江边的大船上，等待开船。官员们面对着面，神色里带着愁苦，又有那么一丝无可奈何。只有少数几个官员，脸上带着羞辱而愤恨的表情。倒有个谢堂，是赵家的皇亲国戚，家里富贵得不得了，此时却好整以暇地坐在一旁，眺望着窗外，神色自若，偶尔露出些许的不耐。至于文天祥，他见了这帮呈降表兼画押的官员，心中实在没好气，独自在旁坐下，也不与他人交谈。

　　被扣留的这段日子，文天祥听到太多不好的消息，先是因为自己被扣留，当初好不容易组织而成的义勇军便被解散，军士们被迫返回故乡；再来又听到宋朝派人呈上降表，决定投降的事。想到那帮与自己出生入死的好兄弟被遣返家乡，不知道日子是否过得安稳，再想到大宋王朝和文武百官懦弱自私的行为，文天祥不禁悲愤满腔。在元营见到那批投降的汉人将领，如吕文焕等人，文天祥不留情面地破口大骂，而被骂的人即使气恼无比，也不敢吭声回话。就连元朝将领伯颜，面对文天祥的凛然正气，也从心里敬佩他的忠义。因此，元人对待文天祥相当礼遇，饮食起居皆有专人伺候，还差人与文天祥谈话解闷。一方面是想招降他，一方面则是怕文天祥自尽殉国。

现在，文天祥在船上看着眼前这帮贪生怕死之徒，领国家的俸禄，做朝廷的官员，国家有难，非但拿不出办法，反倒为了个人身家性命着想，急着保命求官。想到这里，文天祥更是不想见到他们，于是便远远地避开众人。

天色晚了，文天祥独自在船边踱步，口中吟着这些日子以来自己作的诗："但愿扶桑红日上，江南匹士死犹荣。""玉勒雕鞍南上去，天高月冷泣孤臣。"被囚禁的苦闷日子里，只有写写诗文，才能一吐忧国忧民的愁思、一吐为国效命的忠心。忽地身旁一响，只见一黑衣人在身旁轻轻落下站定。

"文丞相！"黑衣人压低了声音叫道。

"你……你是？"文天祥惊魂未定。

"天台杜浒。"黑衣人答得简洁爽快。

"杜相公?"

"正是在下。"

"你怎么会在这里?"文天祥又惊又喜。

"丞相别急。杜浒素来佩服文丞相高风亮节,打听到祈请团一行人在这船上,为免丞相旅途寂寞,特地使了点钱,前来凑个热闹,送您走这一趟。"杜浒黝黑的脸上,带着微微笑意。

"杜相公!你的情义我文某人领了。"文天祥从杜浒的话中体会到他冒险前来搭救的心意,多日来的愤闷在此时一扫而空,脸上总算露出了笑容。

隔日,两人装作一切如常。今天,正是准备开船的日子,临行前,忽然来了一队快马,宣布谢堂不用北上,可以留在临安。这个谢堂,便是日前在船上表面做出若无其事样的那位皇亲国戚。原来是谢堂奉上了全部的家产,才换来一身的自由。"唉!有钱能使鬼推磨。"看着谢堂离去的背影,大家的神色益发伤心起来。

然而,文天祥的心情一点也不受影响,因为,他正与杜浒一同思考脱逃的办法。他们推测大船行走的路线，策划着如何利用看守的空隙上岸逃走。

文天祥与杜浒两人虽然尽量避免在人前交谈，生怕引起元兵的注意，然而，两人经常私下聚会之事，还是被同行的宋朝官员注意到，于是在元兵面前打小报告："我瞧文天祥这人鬼鬼祟祟的，不知暗地里在打着什么主意呢！你们还是当心点好！"元兵便加派了人手看紧文天祥。

这下可苦了，文天祥本来筹划着要趁船停靠岸边休息时，伺机逃脱，但元兵戒心甚重，一路上派人紧跟文天祥。到了文天祥曾驻守过的平江时，怕老百姓来闹事，船只在岸边停靠了一会儿，便解缆夜行了。这样严密的防守，使得文天祥只得错过一次又一次的机会。眼见谢村、留远亭、平江府、五木……一站站都过去了，再不想办法逃脱，一旦船行深入北人的势力范围，到时即使逃得出去，恐怕也走不了多远就会被元兵抓回来。一想到这儿，文天祥焦急不已，他再把杜浒找来，说道："船下次的停靠站是镇江，那是我们最后的机会，若是再往北走，想逃出恐怕比登天还难！""让我偷偷上岸去打点打点吧！一切包在我身上,请丞相放心。"杜浒拍着胸脯保证着。

若是真的逃出去,要去哪儿呢?这问题自然得先思量清楚。这时,元军攻占中原的战事,正胶着于扬州城。扬州城守李庭芝接到了太后命令"元军来时,即刻归附"的诏书,坚决不肯接受,他气得大叫:"自古只听说叫臣子死守城池,哪有叫臣子开城投降的道理?我绝不从命!"李庭芝因熟悉地形,又有丰富的作战经验,加上守意甚坚,元军竟久攻不下,十分气恼。而除了扬州城外,真州安抚苗再成也固守城池,元军无法占领。想脱离危险,看来得逃到扬州、真州这两个元军势力尚无法到达的地方才有希望。文天祥衡量情势,真州边境的元兵较少,于是决定逃往真州。

船行到了镇江,下起了大雪。不惯水行的元军害怕在风雪中行船,船程就这样耽搁了十多日,这给了文天祥天大的良机。

杜浒乔装成生意人,每日留连于客栈,见了谈得来的人便请他喝酒,酒酣耳热之际,便假借酒意露出一点思念故土的心情,若见对方也跟着附和,甚至痛骂元人,杜浒便私下以银两相赠，询问是否能够帮忙找船，以协助文天祥逃脱。百姓们大多是善良的老实人，虽然也很想帮忙，但也没门路可弄到船只。有一天，与文天祥一同北行的部属余元庆，兴冲冲地向文天祥报告，说他在路上遇到一位老朋友，是替元人管船的，有办法弄到船只，也愿意帮忙。"此乃天助我也！"文天祥大喜，"大伙儿打起精神，赶紧分头去安排细节事宜。"

船只的问题解决了，但还有许多事情需要谋划。首先，要怎么摆脱元人严密的监视呢？当时祈请团所有的人都下船住在镇江府治，算是元军对宋朝诸人的礼遇。文天祥先假称有病，不住在府治之内，而去了一个名叫沈颐的朋友家里居住。虽然元兵还是派了个恶狠狠的王千户跟着文天祥，但是，要从沈颐家逃走，总是比从镇江府治逃走容易得多。

再来，逃出后要至江边上船，这一路上，处处皆有元人的哨兵，需要有个熟知路径的人来引路。凑巧的，杜浒在客栈饮酒时，结识了一个老兵，两人相谈甚欢，老兵熟知此地街道情况，也爽快地答应帮忙带路。

然而，一行人深夜里在镇江行走，若没有"官灯提照"①，是很难通过元人重重检查的。杜浒突然想到，前些日子有个刘百户，跟杜浒喝酒喝得称兄道弟起来，他曾邀约杜浒一同去玩乐，杜浒当时推辞说："我是伺候文丞相的，总得要回去伺候丞相睡稳才方便出来。不过夜间遇到官兵时怎么办呢？"刘百户忙说："别怕，我有官灯在此，我派个小兵提着官灯接你过来！"只要利用刘百户的官灯，问题就解决了。

诸般细节商量妥定，当下便决定二十九日晚间潜逃。文天祥本人连同手下，一同出逃的约有十二人。这么多的人一起出逃，走在路上容易惊动元人，于是决定让两个人先到江边的船上等候，另外三个人则先去带路的老兵家等待，其余的人等到二十九日晚间一同出发。

二十九日中午，元军突然派人传话说要即刻启程前往瓜洲，这下可全盘打乱了文天祥的逃脱计划。文天祥赶忙

---

① 官灯提照：当时镇江实行宵禁，夜里有元军巡逻。提了印有官府字样的灯笼在外行走，便可避免被元军拦下受检。文天祥等人想在夜晚脱逃至渡口搭船，须设法拿到官灯，方能通行无阻。

声称来不及收拾行李,请再宽容一日。元军百般不耐地勉强答应了。文天祥心想:明日元军就要押军启程了,所以今天晚上无论如何都要想办法逃出去!

当天傍晚,沈家预备了酒席为文天祥饯行,向来紧紧看守文天祥的王千户也在受邀的行列。酒席之上,主人盛情,文天祥赋诗一首,大伙开怀畅饮,王千户也喝得不亦乐乎。夜色逐渐降临,沈家灯火渐昏,桌上一片杯盘狼藉……沈颐第一个醉倒,接下来是王千户……文天祥则一直小心翼翼地保持着清醒。

忽然有人跑进来找杜浒,原来是先前派去老兵家等候的一人:"杜爷,大事不好!老兵变卦了,把事情说溜嘴给老婆知道了,他老婆现在正大吵大闹,说要告官去……"杜浒赶忙低声道:"别忙!我瞧瞧去。"两人急忙到了老兵家,杜浒拿出三百两白银,稳稳地系在老兵的腰上。霎时,老兵清醒了,当下随着众人来到沈家外边等待,他妻子也不声张了。

这一头,看到王千户醉得不省人事,文天祥知道机不可失,立刻拿起打包好的行李,与众人偷偷溜出沈家。

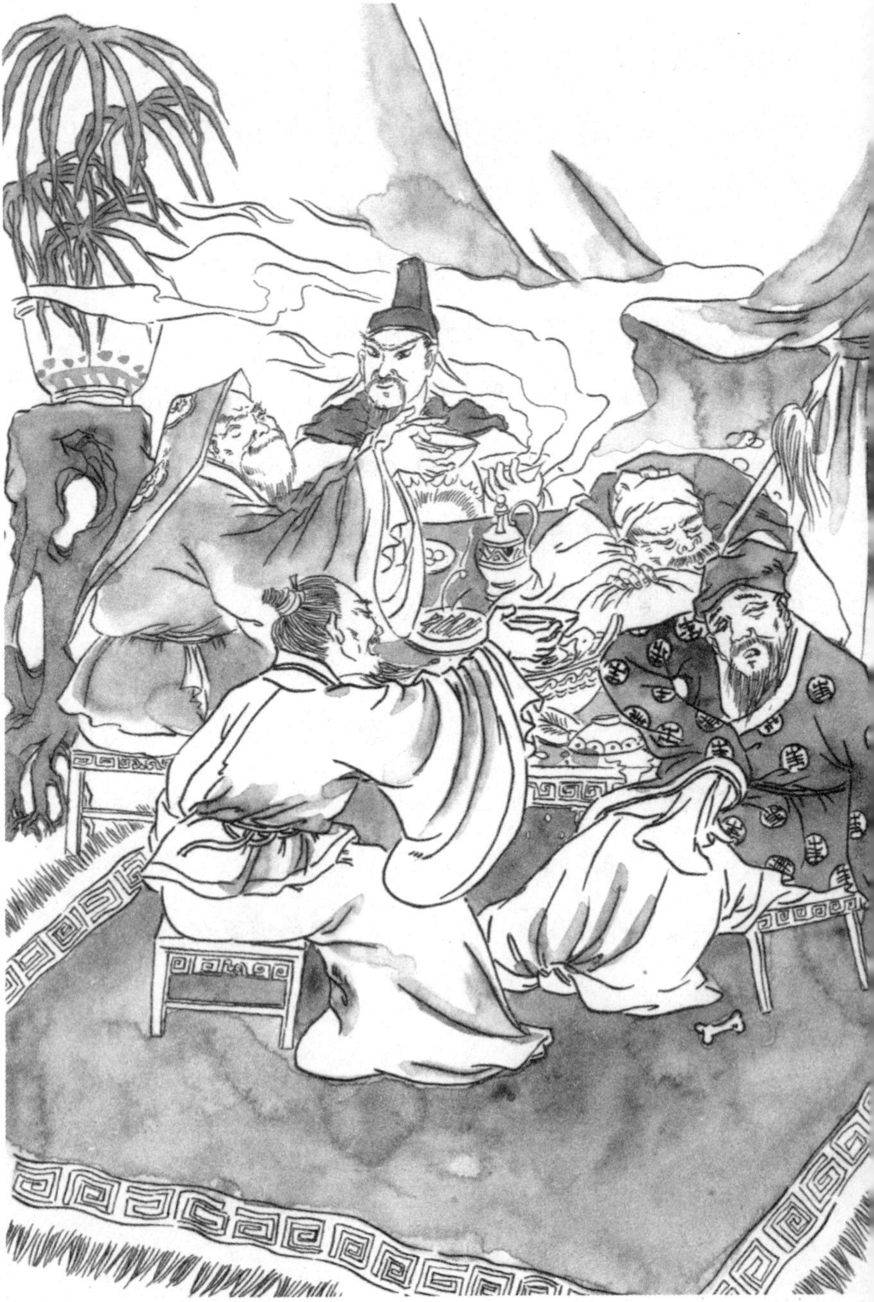

沈家外边，带路的老兵与提着官灯的小兵正等着。刘百户吩咐小兵："拿着官灯去接杜浒爷出来!"小兵哪里管他们有多少人，要去哪里，只是提着灯，随着老兵的指点在前面引路。

黑漆漆的夜里，大伙儿提心吊胆地走着，好在有了"官灯提照"，一路通行无阻，他们加紧脚步来到了江边。"我们的船在哪儿呢?"大伙着实费了好一番工夫摸黑寻找，余元庆还涉水去找，才在江边找到约定的这艘船。这是一条私人的小商船，幸好之前派了两个自己人先上船，不然，小商船恐怕没耐性等到文天祥一行人就先走了。

终于上了船了! 大伙儿喘了口气，心下安稳了点。赶紧开船吧! 江的另一头闪着密密的火光，那是元人的船只，得加紧避开才行。余元庆指挥着："快往江心划去!"船随水漂了出去，水力扶着船，轻快地驶入了江心。

恰巧遇着顺风，船行还算快速。一路上也遇着了巡逻的元兵船只，但都小心地应付过去了。

船离镇江越来越远，文天祥的心里也愈加笃定。"丞相放心，咱们已出镇江，元人明天一早发现我们不见，也

59

追赶不及了！"文天祥的手下来报告最新情况。看着四周昏茫的江景，元人的火光在江的另一头成了隐约难见的小光点，文天祥总算敢稍微合眼小憩一下了。

清晨时分，船已停靠在真州城下。

10. 再度流亡

真州安抚苗再成，热诚地接待这位风尘仆仆、刚从元人手上逃出来的贵客。接风的水酒才刚饮过，文天祥立刻与苗再成共商复兴的大计。

苗再成分析情势道："目前手上握有兵力者，除了在下，尚有淮东制置使李庭芝，及淮西制置使夏贵。苗某职卑兵少，仅能尽全力守住真州，倘若要图复兴，一定要说服两淮联手攻防，才有胜算。李庭芝与夏贵之前稍有嫌隙，丞相若能出面斡旋，或许能促成两淮联军，到时复兴大业指日可待。"这样的计划正与文天祥的想法不谋而合，于是文天祥当下便着手草拟给李庭芝与夏贵的书信，除此之外，还写信给其余诸州太守，希望大家能集体响应复兴的计划。

然而，文天祥不知道的是，在他写信之前，淮西制置使夏贵,这个已有两次"不战而逃"纪录的人,早已举城降元了。文天祥更不知道的事还在后头呢!

文天祥的信送到李庭芝手上,使者带回了李庭芝的回复。李庭芝对于联军的事只字未提,只说了:"根据我们从元兵那儿回来的人供称,有一个丞相前去真州骗城……堂堂宋朝丞相得以从元人手中平安脱逃,此为可疑之一,更何况还带了十一人同行,此为可疑之二。苗安抚不缉捕此人,竟还开门让他入城,愚以为切切不可。"苗再成看了这样的回信,心中对文天祥也起了疑窦,但还是不愿就此逮捕文天祥,不过,倒也没办法再把文天祥留在城内了。

苗再成已下了决定不再留文天祥在城内,便叫两个都统带文天祥一行人至城外散步闲逛,散步间,其中一位都统拿出李庭芝的回信给文天祥看,文天祥十分惊愕,正欲开口辩解,两位都统却立即跃身上马,头也不回地奔回城内,城门在都统进城后,也随之关闭。

文天祥一行人愣在原处。

"丞相,这是怎么回事?现在可怎么办呢?"余元庆问。

这下连文天祥也回答不出了，他愣了一会，才惨然道："应该是有人蓄意诬陷吧！不过，苗安抚怎么就这样轻易地相信他人的谗言呢？"文天祥叹了一声，但心中的悲愤实在很难平静下来。

一行人正兀自叹息，忽然城门大开，从中出来了两位骑马的军官，带了几十人的队伍及文天祥一行人的行李，一见了文天祥，便大声道："安抚命令我俩前来送丞相出城，现在你们打算往哪儿去？"文天祥见这情况，晓得真州城是回不去的了，只好朗声道："我们往扬州去，找李庭芝制置使解释一下。"

两位军官牵了马匹给文天祥和杜浒乘坐，走了一小段路，忽然停了下来。"文丞相，有事商量，请下马。"

文天祥心头一惊，莫非要在这儿下手了结众人性命吗？"敢问何事？"

"请下马，这儿走。"

文天祥不得已，只好下马。两位军官开口道："安抚命我们送丞相前往淮西，丞相怎么要往淮东？"

文天祥道:"往淮西一路过去便是元人的地盘,恐怕到时便无路可走了。再说,我是想见李制置使一面,跟他当面解释。"

军官又道:"李制置使杀你们都来不及,你们何必前去送死?"

文天祥道:"文天祥拼死也要从元人手中逃出来,就是为了求取国家的一线生机,要是李制置使相信我,复兴大业就有望了,要是李制置使不相信我,到时最多就是一死。再说,即使死在扬州,也总归是死在大宋的土地上,没什么好遗憾的。"

军官又劝阻:"不如先在这附近的山寨住一阵吧!"

文天祥坚决道:"到了扬州,生就生,死就死,听天由命,没什么好怕的!"

两位军官闻言,沉默了一会儿,才又道:"苗安抚要我们告诉您,他在江边替您预备了船只,要我们护送您一程,届时看您要往北、往南,都随丞相的意。"

文天祥简直动了气了:"往北去?这么说,连苗安抚也不相信我了。"

"没错。安抚就是要我们来看看，丞相您到底是往哪儿走，要是往北，我们便立刻对丞相下手了。不过，在下虽是粗人，听丞相言语，也晓得您是一位大大的忠臣，我等怎敢加害于您！既然您决意前往扬州，我们这就为您引路。"

两位军官继续护送文天祥等人上路，走了好一段路，来到了岔路口，两位军官指着东边的一段柳堤，道："往那儿走便是扬州城的方向，我等送您至此，就此分别吧！"

看着军官领着队伍扬尘而去，文天祥踏上了往扬州之路。一行人来到了扬州城下，见到城门口守军严密的盘查，这才突然意识到：进城恐怕凶多吉少！

一行人开始意见分歧。杜浒道："眼前这景况，进扬州城恐怕真是死路一条，咱们不如想个办法先到高邮，再往通州，去投见在江南的益王、广王，再图复兴！"文天祥的一个部属金应说："咱们既已来到扬州城下，不进去说个明白岂不白来了吗？反正最多是一死，再说李制置使不见得真会杀了我们。"

一行人七嘴八舌，赞成先躲过扬州城严密查哨的人

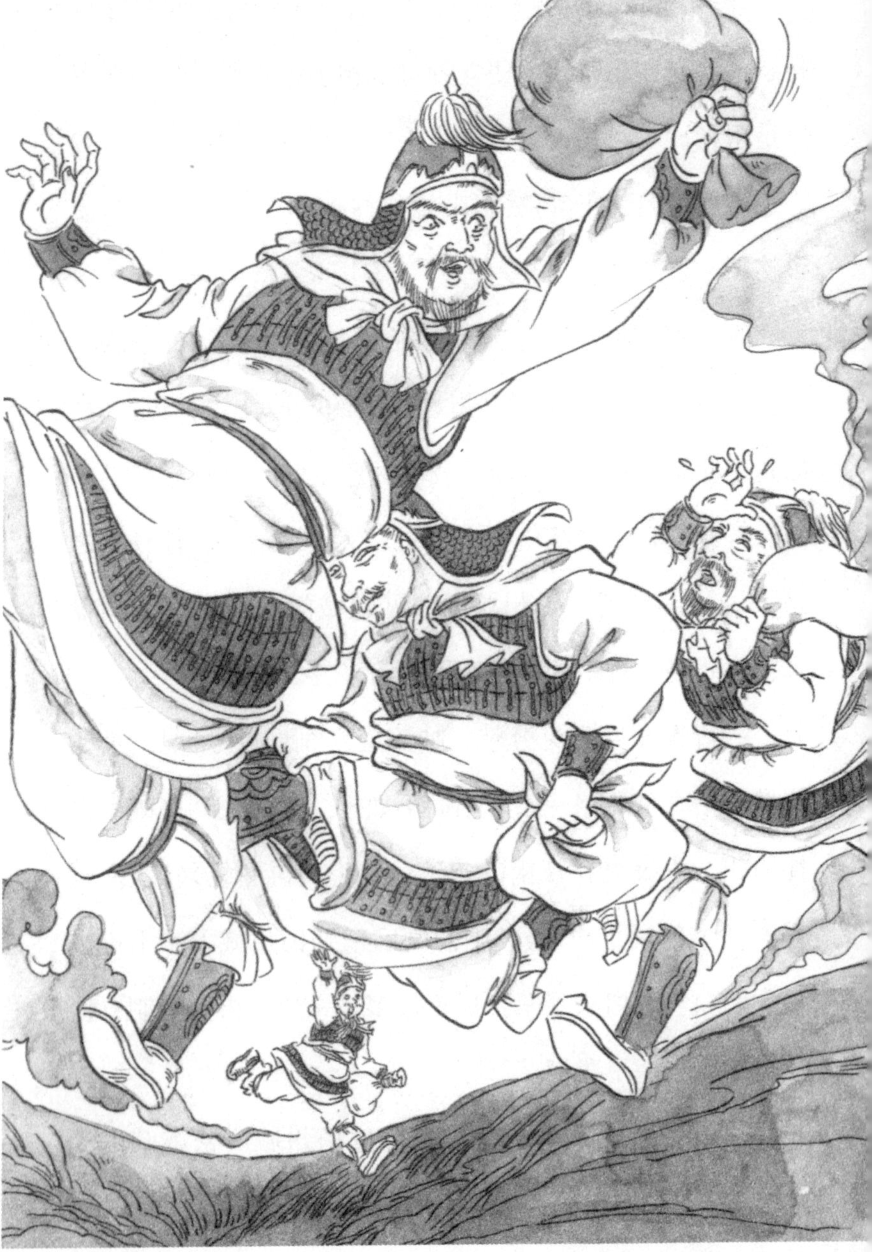

占了多数。余元庆忽然找来了一个卖柴的人，兴奋地道："丞相，有福了！这人知道路径，能带我们到高邮！"他将卖柴人带到文天祥面前后，便转身离开。文天祥向卖柴人问道："你能先帮我们找个安身之所，暂时避一避吗？"卖柴人道："就来我家吧！这几日查哨查得紧，会不会被查到，也要看丞相您的福气了。"

正在言语，吕武匆匆跑来，对文天祥大喊："丞相，不好了！余元庆、李茂、吴亮、萧发带着丞相包袱中的银子，逃走了！"气氛顿时跌入谷底，大家都沮丧得讲不出话来。"带路吧！"文天祥叹了一口气，对着卖柴人说。

文天祥一行原本有十二人，现在只剩下八人了。抱着自己的包袱，里面装着仅余的银两，他们拖着沉重的脚步跟在卖柴人的后面，来到一间废弃的房屋，暂时歇息。才刚打个盹，忽然听到人马嘈杂的声音，杜浒从墙壁缝隙瞧出去。

"是元兵！"

每个人立刻从梦中清醒过来，心脏贴着胸口急速跳动，手里紧抓着包袱，全身的血液似乎都凝结了，连大气也不敢喘一声。马蹄声往这边近了，大伙全提着一颗心。倏地，乌云密布、雨声淅沥，原本晴朗的天气忽然风云变色，马蹄声开始乱了……逐渐地，马蹄声远去，该是元兵避雨去了。大伙这才松了口气。

一路之上，像这样惊险的场面还不仅于此，也许是老天爷冥冥之中在看顾着，他们每逢饥寒交迫之时，总是会有热心的农民挺身帮忙；千钧一发之际，用身上的银子打发前来查哨的元兵，也总是幸运地得以脱身。颠沛流离的滋味，文天祥这下子可是尝尽了，狼狈流亡的这一段际遇，也使得他更能体会下层百姓的生活甘苦。几经磨难，他们终于来到了高邮。

哪知，才到了高邮城外，便看见城墙外高悬着捉拿文天祥的榜示，上面写着："制置使李庭芝示各郡：听闻有人以丞相名义前来骗城，边关守将须严加缉拿。"文天祥看到这个告示，不禁心下一阵凄凉，掉头就走。他心想，好不容易从元人手中逃出，以为回到了大宋的怀抱，没想到，一片忠心赤诚却被当成奸细，变成现在无处可投奔依托、被迫流亡的局面。本以为此行纵然艰险，终究是重返故土，现在却换来同时被元人、宋人双方通缉的尴尬处境，一想到此，两行热泪便掉了下来。

站立在旁的兄弟们看了这景象也难过起来，出声安慰道："丞相，您别气馁。您大忠大义，大伙兄弟都是知道的。日久见人心，相信李制置使及众百姓们有朝一日也会明白的。"跟随在文天祥身边的人，个个都是铁铮铮的好男儿，他们一边出言安慰文天祥，一边也湿了眼眶。再有一人紧接着道："既然都贴出告示了，此地不宜久留，我们赶紧想办法前往通州吧！""说得是，咱们这样子，可会叫守城的兵士起疑的，快离开这儿吧！"一人接话。顾不得伤心，他们加紧脚步前往通州。

终于来到了通州。通州城会不会拒文天祥于千里之外呢？通州守将杨思复，当然接到了李庭芝说文天祥是奸细的文书，然而，埋伏在元军中的探子，却也带回了谍报，说："元军在镇江走脱了文丞相，正命追兵缉捕中。"这个谍报大大帮了文天祥的忙，杨思复不再相信李庭芝的诬赖，大开城门，热烈欢迎文天祥进城，文天祥一行人，终于有个落脚之处了。

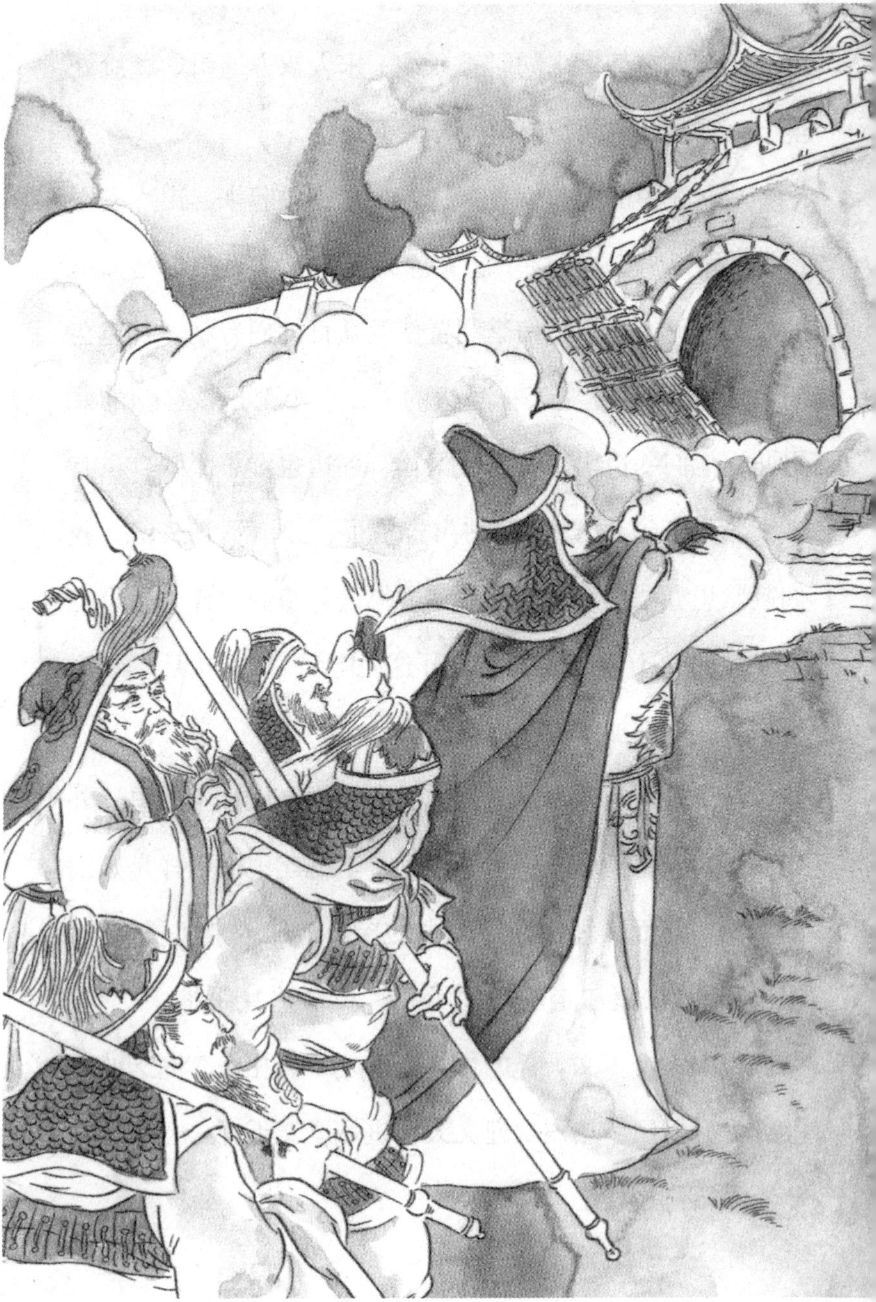

不过这一路流亡,原本的十二人,逃脱了四人,剩下八人,后来又因躲避元兵追杀,损失了两人。现在,文天祥身边一同出生入死的伙伴,算上自己也仅有六人了。想到途中丧命的好兄弟,文天祥不胜唏嘘,与至亲好友生死别离,大约就是为国尽忠所须付出的代价吧!

11. 取道向南

在恭帝及老太后被掳的同时，恭帝的兄弟益王、广王，已由人护送奔往南方。陆秀夫拥着益、广二王避难至温州，召请陈宜中、张世杰辅佐新王。陈宜中、张世杰虽然奉召拥立新王，但却缺乏复兴宋朝的大志，只消极地想着如何保存皇室血脉，故而采取只守不攻的策略。他们觉得温州离元人还是太近了，为了确保二王的安全，决定迁移至更南边的福州落脚。陈、张这种不战即退的策略，其实正是宋朝快速丢掉大半江山的主要原因之一啊！

而在北边，忽必烈封被掳去的恭帝为元朝的瀛国公，这消息一传到福州，陈宜中等人认为宋朝帝系不能中断，故拥立益王为帝，就是端宗，改年号为景炎（1276年）。南宋微弱的帝脉，在偏远的南方，该如何延续下去呢？

文天祥来到通州后，听到益王、广王在温州，当下便决定立刻启程前往温州。当时陆路走不通,必须走海路,想到即将来到宋朝皇帝所在的南方,文天祥的心情相当激动复杂,他作了首诗,诗句中将他急切归南的心情表露无遗:"臣心一片磁针石,不指南方不肯休。"把自己的心比喻为指南针,一心向着南方,永不休止。

他先到了台州,在那儿,有一个名叫张哲斋的海上豪杰,他是宋朝名将张永德之后,凭着名将之后的威望与自身的义气,在海上拥有相当的势力,有办法动员海上的各船只与水兵。先前陈宜中、张世杰不去调动他,也调不动他,但他一闻听文天祥来到台州,便主动设筵款待文天祥,并约定好调齐海上诸路兵马,一同举事。由此可知,宋朝丢失大片土地之际,在民间,其实还有为数不少的义士百姓有强烈的抗元意愿,只是这样的爱国火花,在陈宜中、张世杰等人领导的南宋朝廷之下,一直无法燃烧成熊熊烈焰,但是现在碰到文天祥可就不同了,文天祥的冤屈被洗清后,百姓们体会到了文天祥令人敬畏的忠勇之心,对于他一路奋起抗元的意志与行动,不但是衷心佩服,而且纷纷以行动展现响应归附的心意。文天祥,已经成为民间抗元行动的精神标杆，他的存在，对于宋朝的老百姓起着莫大的鼓舞作用。

在当时，不仅张哲斋主动前来商讨聚兵抗元之事，文天祥以前的旧部属，听闻文天祥安然归来的消息，也都从各地前来相迎，各地的义军，也纷纷起来响应。若能将这些人的力量聚合在一起，再图复兴，将不再是遥不可及的梦想。

端宗年纪幼小，非常信任拥有重兵的张世杰，因此当时的朝政大权，几乎都操在张世杰之手，陈宜中影响决策的能力已相当微小了。可是，张世杰虽然也算一位忠臣，但他主导下的朝廷，重视的不是举兵收复失地，而是如何安身立命，因此，当文天祥想至永嘉聚兵，收复失地时，张世杰却希望文天祥到南边的广州建府。没想到广州不久后举城降元，不得已，他才同意让文天祥到南剑开府聚兵。

12. 重新聚兵

端宗即位后不久,因为淮西制置使夏贵投降,李庭芝的扬州城也守不住了。趁着新皇帝加封自己为少保左丞相的时机,李庭芝将扬州城交给属下朱焕看守,自己与部下姜才率八千兵突围前往泰州。哪知才离开扬州城不久,朱焕就把城献给了元兵,李庭芝与姜才也被捕了。

李庭芝死守扬州城,主要是因为身边有个姜才不断地鼓励督促,他们被捕后,元军大骂李庭芝:"为了你一个人不肯投降,损失了我们多少将领兵士……"一旁被捆绑的姜才闻言跳起来骂:"不肯投降的就我姜才一人,你们要杀便杀、要剐便剐,别在一旁啰唆!"

元人大怒,将姜才推出去用尖刀剐了,途中姜才恰巧遇见投降的夏贵,他瞪大了眼睛对着夏贵"呸"了一声:"今天你有脸见我姜才,改天你拿什么脸见你祖宗!"夏

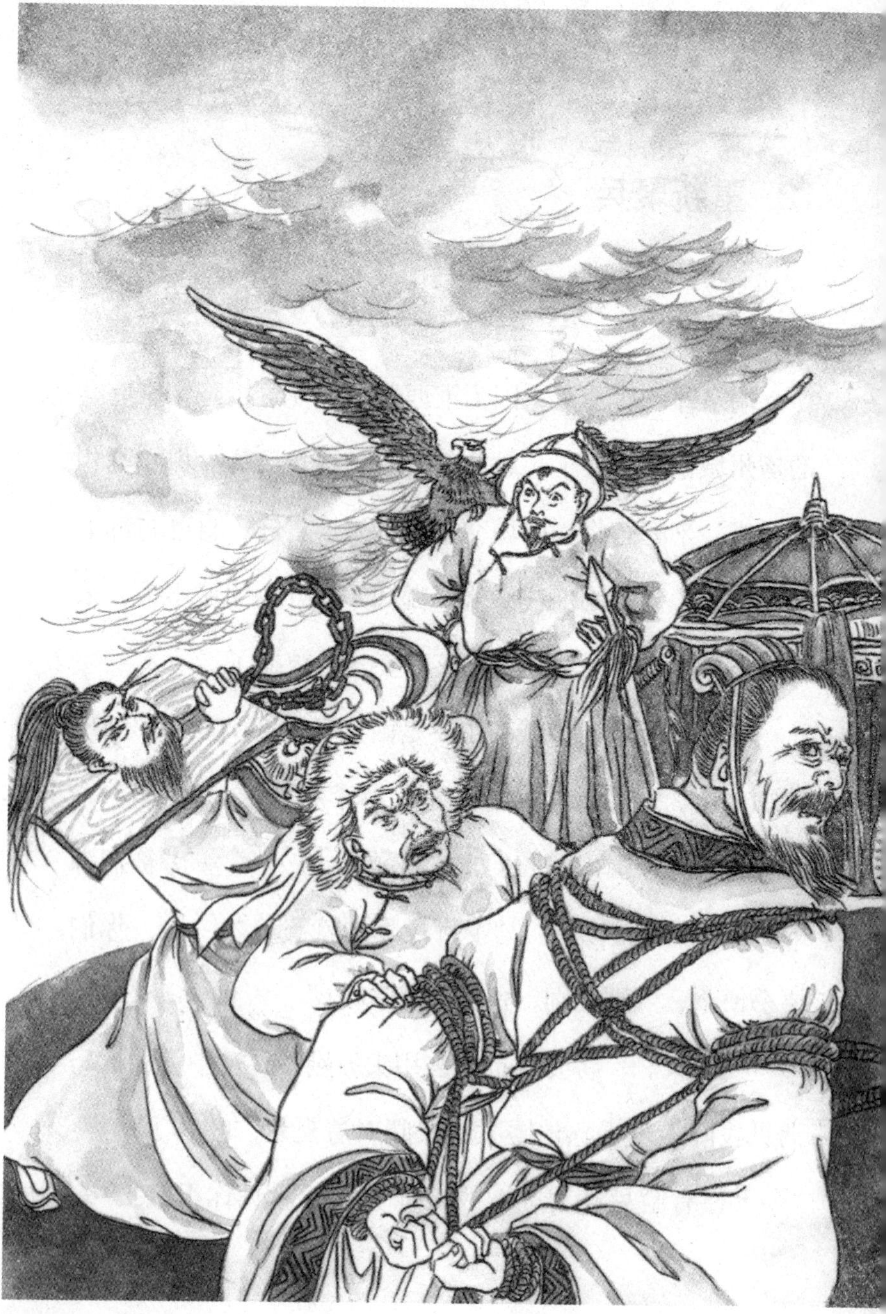

贵低下头不敢作声。当天，姜才与李庭芝一同被处决。淮西、淮东正式沦陷。

这一头，文天祥正要在南剑聚兵。消息一传开，对天下豪杰之士不啻一剂重大的强心针，他们纷纷赶赴南剑，重新凝聚抗元的力量。

参加举兵的除了杜浒、吕武等元老外，还加入了巩信、赵时赏、陈龙复等人，文天祥分派各人，分别前往台州、温州、广东等地募粮聚兵，文天祥打算结合台州、温州、江淮等各路的力量，连兵大举。文天祥这次的聚兵，比起先前在江西起义的那一次，声势更为浩大，可是，他们的希望却再度落空。

元兵挟着胜利的余威，继续向南挺进，分为三路，直攻端宗皇帝所在的福州。朝廷一面惊慌不已，一面下旨命令文天祥将军队南移至汀州。文天祥不得已，将南剑交给王积翁，把军队开往更偏远、交通不便的汀州，虽然如此，他仍未放弃复兴的意念，打算向江西进军，那是他的故乡，若能屯驻那儿，抗元的局面势必不同。

但是，北兵一出兵福州，张世杰、陈宜中连战都不战，马上准备好船只，带着皇帝出走到泉州，朝廷军队一出走，军心大失，南剑及福州马上失守，福建省在短短几天内失掉了大半！

小皇帝逃难来到泉州，军队没钱没粮，竟抢掠起泉州百姓来。泉州人看皇帝没个皇帝样，竟还纵容军队闹事，有个叫蒲寿庚的，便与元人联络，打算将皇帝赶出去。张世杰见情况不妙，又与陈宜中商量，决定再次出走。于是，泉州也失守了，皇帝则远遁至海上。

皇帝远走的消息，并没有击倒文天祥的斗志，他出兵收复了梅州，并在那里跟一家老小重逢。这是文天祥被俘以后，第一次见到自己的家人，重新见到了年迈的母亲、久违的妻子及子女，文天祥放下了心头一块大石，现在，他可以全力向元人发动攻势了。

他出兵江西，在雩都大捷，会合了兴国、永丰等地的军队，分三路攻打赣州、吉州、泰和，这次举兵，获得了空前的胜利，成功地收回了江西南部。湖南、广东、福建各地的军民,也都起来抗争响应,元兵原本占据的地方,现在都动摇起来了!

这一掀天动地的大变化,惊动了在北方的元世祖忽必烈。

13. 空坑血泪

忽必烈不敢掉以轻心，决定加派军队向文天祥反扑。他派出汉将张弘范为统帅，张弘范举用西夏人李恒为副帅，带领大批人马来到江州。李恒一面派兵攻打赣州、永丰、泰和等地，一方面则派出精兵，打算出其不意地偷袭文天祥屯兵所在的兴国。

大军压境，文天祥打算会师永丰，与敌人殊死战，然而，军队还没有完全会合，驻守永丰的军队已被击溃，李恒乘胜追击，二路兵马随后追赶，要将文天祥逼上绝路，文天祥向东南的空坑撤退，他手下一位叫巩信的，见大势已去，奋不顾身地带着数十兵卒，掩护文天祥遁走。

这是方石岭下的山林，元兵潮水般地涌入林中，巩信只有数十人的军队，明知以寡击众全无胜算，却还是以树林作为掩护，拼了死命做最后的奋战。虽然双方兵力悬殊，但战况激烈非常。两方兵马杀红了眼，尸横遍野，巩信身边的兄弟一个个倒下，到后来只剩巩信及寥寥数人。阳光自树林枝叶的间隙照下，逐渐转为血红色，风吹得枝叶沙沙作响，巩信瞄了一眼倒在血泊中的兄弟们，拄着钢刀，带着最后几人，一拐一拐地走了几步，拖着因疲累而沉重的身躯，坐在树林间的大石之上。一片死寂中，他猛地站起，一抬眼，目光闪亮如炬，架起手中的钢刀，坚定得宛若石像，部属们则侍立两旁。

树枝被风吹得摇乱不已。

元兵见巩信伤痕累累，尚如此坚定无畏，不禁惊疑起来："该不会背后还有伏兵吧？"在林外俯瞰战情的主帅李恒见状，不敢大意，当下停止了前进的攻势，怕中了对手的计。思考一会后，李恒下令："放箭！"

元兵听令举弓搭箭，霎时，箭矢如雨点般落在巩信等人身上，密集的箭雨，几乎遮蔽了血红的天色……箭雨过后，西沉的太阳转为绚丽的金黄，照得地上的兵器闪闪发亮。巩信等人，身上插满了箭，依旧屹立在原地，挺立不倒。

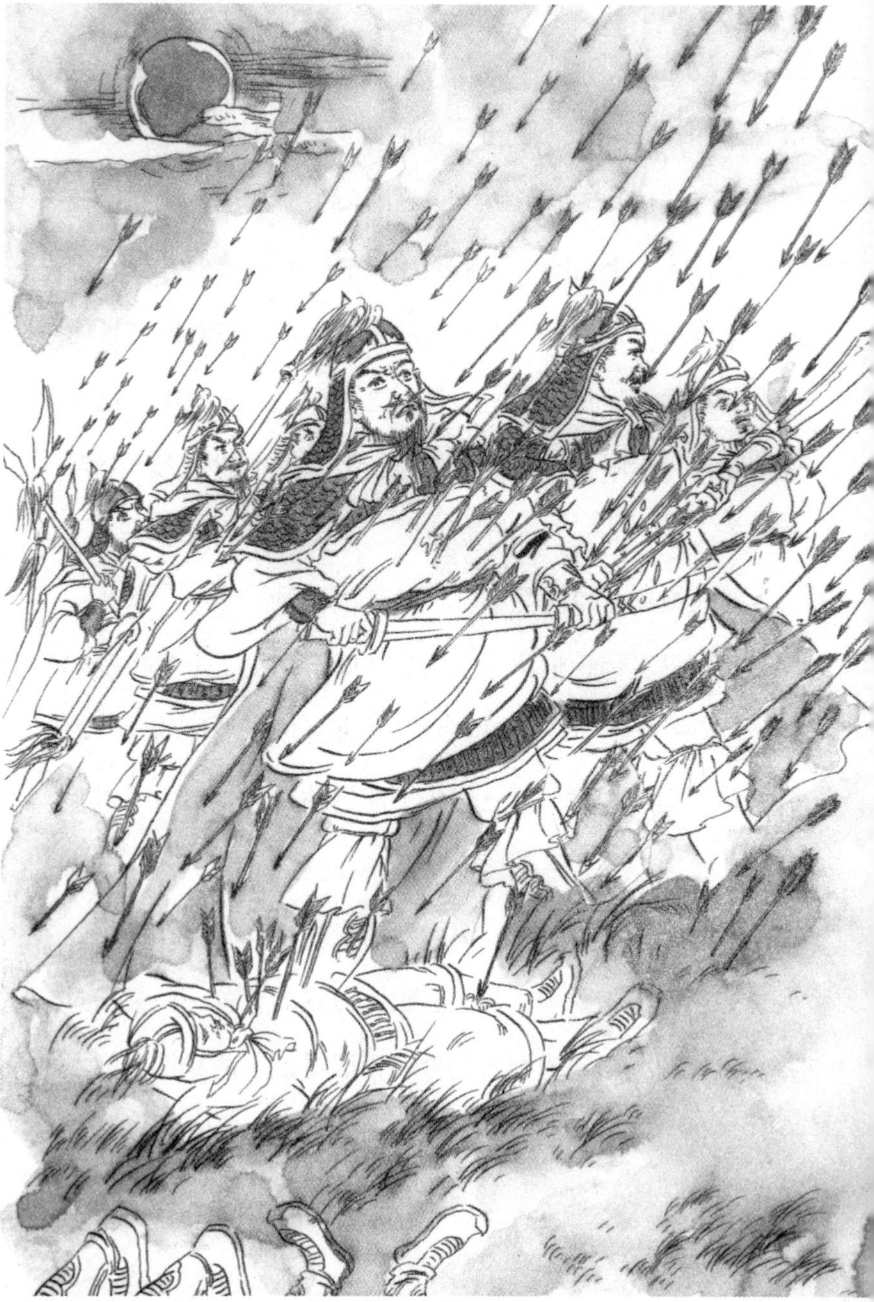

夕阳的余晖中，巩信雕像似的，一动也不动，钢刀握在胸前，怒目圆睁，脸上的血泪还没干呢！

元兵大骇。"到底死了没？""有没有伏兵？"大家七嘴八舌地吵闹了起来。李恒板起脸下令："找个识路的樵夫去林中瞧瞧！"好一会儿，兵士回来报告了："报告元帅，林后没有伏兵！"

"该死！把文天祥放走了！"李恒懊恼不已，"还不给我追！"

因着巩信的舍身救命，暂时保住了文天祥的性命，也留住了南宋人民的希望。

李恒的大军仍是穷追不舍。

这一头，文天祥却是走得极慢。为什么？

爱民如子的文天祥，让先锋部队带着母亲走最前头，百姓在中间，自己与家人则殿后。百姓走得慢，前进的速度自然加快不了。很快的，元兵就追上来了。

走到了一个小村落，军士们倒地休息。半夜，忽闻马蹄声，文天祥急忙取道山中小路脱逃，山中路径狭窄，百姓壅塞其间，一时间竟难以动弹，眼看追兵就在后面……

突然,一块巨石由山头落下,"轰隆"一声巨响,霎时有如天崩地裂,这块大石成功地挡住了追兵的去路,元兵们撬不动这块大石,只得空自握拳着急,赶忙取道别条路径继续追赶。这块大石,把文天祥从暂时的危难中解救了,有人说是天意,但毋宁说是老百姓为解救文天祥而故意推下的。

文天祥一行马不停蹄地赶路,但兵荒马乱之中,很快又听到了元军的喧闹声。忽然,元军拦下了一顶轿子。"出来!里面的人是谁?报上名来!"元兵大喝。

"我姓文。你问我做什么?"轿中传出沉稳的声音。

"你姓文?那一定是文天祥。快抓回去请赏!"元兵们蜂拥而上,擒住了轿中之人。

这人究竟是谁?他不是文天祥,而是赵时赏。他面貌跟文天祥相似,为了让文天祥顺利脱逃,不得已出此下策,冒充文天祥,替文天祥争取脱逃的时间。

"带上来!"元人开始审问赵时赏。被带到元兵将领的面前之后,赵时赏的计策便被识破了。"你不是文天祥!说,你是何人?竟敢冒充文天祥!"

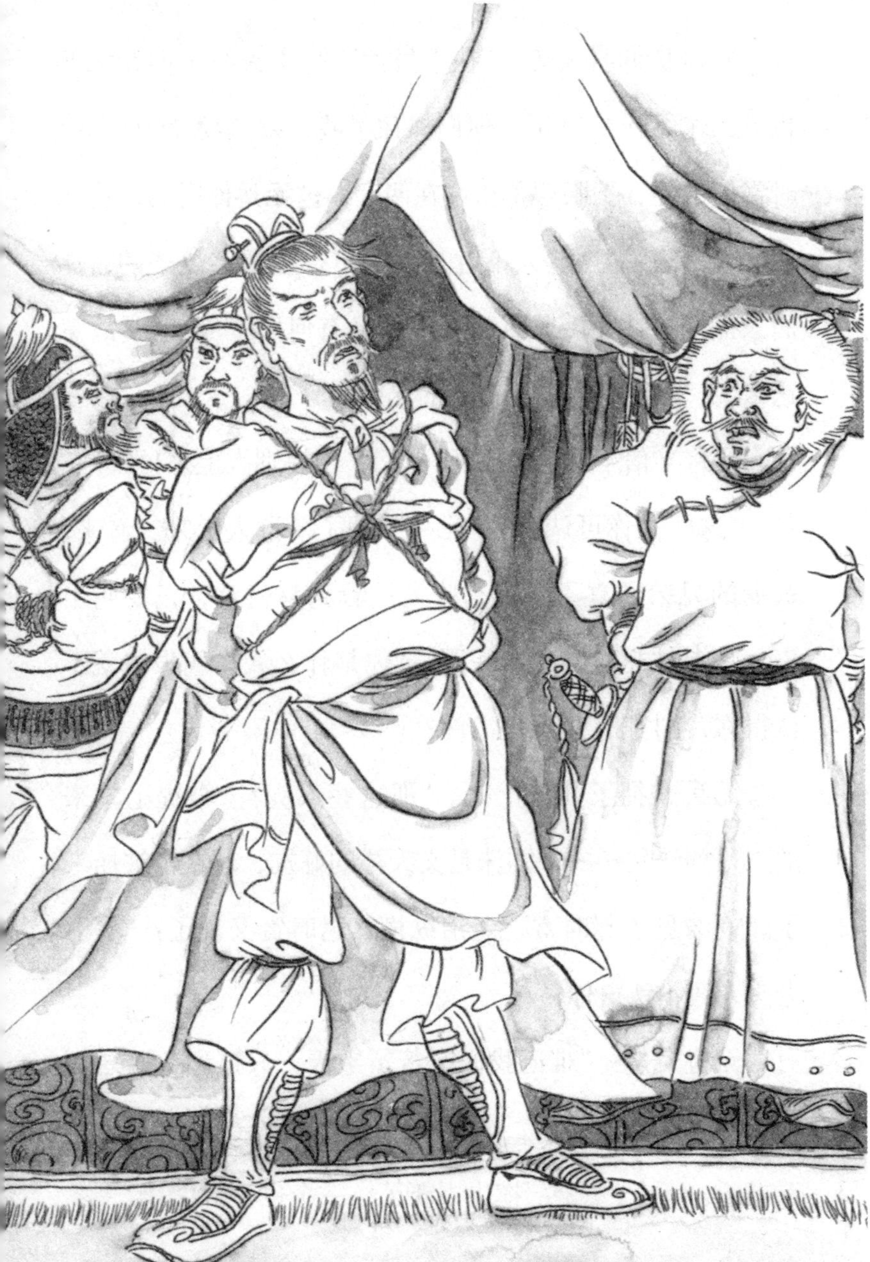

赵时赏仰身大笑:"在下虽然不是文天祥,但在宋朝也算是个不小的官了。你们抓住了我,要杀便杀吧!"赵时赏停了停,抬眼望了望站在两旁,被元兵俘虏的宋营兄弟们,又道:"这些人不过是我手下替我提水烧柴的,你们只抓到这些小喽啰,杀了他们又有何用?"赵时赏故意这么说,意图解救这些被抓的兄弟。

元将半信半疑:"先放了他们,再提别人上来!"

"这些人你可认识?"元兵又押了一群人上来。看来,被捕的兄弟还真不少。有些人一看到赵时赏,正要叫出声,马上被赵时赏瞪了一眼:"你是什么人?我根本就不认得你,别自抬身价了!"

元兵又押了几人上来。"那这些人呢?"被提上堂来的正是刘洙父子——刘洙是文天祥的好友,现在也被抓来了。刘洙见了赵时赏,老泪纵横,赵时赏又说了:"乡下老头,我不认得你!"

元将大怒:"难道我们辛苦了半天,只抓到一些老百姓?你这人不说实话,给我推出去斩了!"他重重拍了一下桌子,下令:"全部拖出去斩了,一个也不留!"

二十多位义士们殉难了，文天祥的妻小们，也在这次战役中被活捉。空坑之役，虽未胜利，但他们以血泪写下的壮烈事迹，却足以令后人凭吊再三。宋人抗元的行动并未因此而宣告结束，在这之后，有更多的志士仁人，前仆后继地继续奋斗。

14. 海丰被俘

端宗的小朝廷在海上流亡，偶尔寻个小据点停留。他们从南澳迁到秀山，再由秀山移至井澳。海上漂流的日子，小皇帝哪里承受得了？一日遇着大风浪，船只颠簸得厉害，船上人员无不昏眩呕吐，小皇帝不过是个孩子，过了一夜，便哭哭啼啼吵着要下船。陈宜中献计说，由他先到占城了解当地情况并安排一下，看是否能将小皇帝接来。于是陈宜中去了占城，却也从此销声匿迹了。

文天祥从空坑逃出来后，一直寻觅着端宗皇帝，另一方面，元军也派人搜索端宗的下落。没多久，端宗皇帝因受不了海上漂泊的生活，病得严重，到了碙川后，便夭亡了。张世杰与陆秀夫商议着，不可让宋朝子嗣断绝，便拥护广王赵昺为皇帝，年号祥兴（1278年）。

这个皇帝也只是个八岁的小孩子，即位后，封陆秀夫为左丞相，张世杰为右丞相加封少傅。小朝廷新立了皇帝，张世杰就想找个更安全的据点。他在海上寻寻觅觅，终于在广东外海距岸边八十多里处，寻到了一个小岛屿，叫作厓山。张世杰觉得这是个好地点，于是奏请皇帝将行朝迁移至此，并大兴土木建造宫室、兵营，看来是要在此久住了。

文天祥听闻了广王赵昺即位的事，想趁此机会觐见皇帝，顺便商谈军机大事，他派了杜浒先往厓山传达觐见之意，自己留下来经营潮州。可是他提出的入觐请求，却被张世杰一口回绝了。张世杰以文天祥经营潮州，不好随便移动为由，不让文天祥前来。文天祥想与张世杰合作的愿望，又落空了。

此时的南宋朝廷已是穷途末路，亡命海上孤岛，张弘范率领的元兵更是紧追不舍。张弘范的首要之务，便是捉到在潮州的文天祥。张弘范进军潮州，文天祥不敌，退至海丰，打算再作图谋。张弘范再度进逼，与海盗联手，打听了文天祥驻扎的地方，并假扮成乡人模样，趁兵士们烧饭休息时，一举进攻。

宋兵抵挡不及，全数溃退，文天祥的属下奋起猛战，终究仍是寡不敌众。追兵源源不断猛进，宋兵节节败退，没多久，战场便处处横尸了。元军收拾战局，继续追捕文天祥，文天祥逃入山中，望见追兵随后而至，心想，前数次因着兄弟们的舍身相救，苟延残喘至此，今日这情势，看来是走脱不得了！他便吞下一种名叫"脑子"的毒药，打算自尽。"脑子"这种毒，吞入肚中后须再喝水下肚，毒性方能发作，元兵抓住了文天祥，打算回去跟张弘范请赏，文天祥假称自己口渴，要元兵给水喝，元兵不耐烦，指了地上的黄土水叫文天祥喝下。文天祥捧了积水吞下肚，一时肠绞肚疼，冷汗直冒，药性发作了！却没料到，呕吐腹泻了一阵之后，他居然精神大好，原本昏沉的头脑也不昏了，"脑子"没毒死文天祥。

自尽不成的文天祥，被带到张弘范的帐下。

"文天祥，因为你的抵抗，使我朝的大业延宕至今。你今天跪下给咱们磕个头，道个歉，算是给我们这一路辛苦赔个礼。你要是肯投降我朝，我保证在皇上面前替你说好话，不但没有性命之忧，还保你加官进爵。你肯是不肯？"

"文某只向大宋王朝尽忠，对大宋之外，行拱手之礼也就罢了，要我下跪磕头，是万万做不到；至于投降，那就更不用提了。既然已为阶下囚，文某也不贪图别的，就请赐我一死，其余的，就不劳先生口舌了。"

"投降的事，见了皇上，自会有所发落。你既知已为阶下之囚，竟连磕头之礼都不行吗？"

"笑话，那日文某代表宋朝会见伯颜，也不过行拱手之礼。你不过是他的手下，怎么见了你反而要跪下？"

这话令张弘范既愤怒又羞愧。张弘范转念一想，文天祥名气甚大，杀了他，反成全了他忠臣的名气，也失了元朝的王者风范，上头也交代务必留住他的性命，自然万万杀不得。他当即脸上堆满了笑，改口道："文大人说哪里话来，在下不过是跟文大人开个玩笑，怎么就当起真来了呢？您来这里，就是客人，在下自当尽主人之谊好好招待您。"转头吩咐左右，"来啊！快给文大人收拾客房。"再对文天祥恭恭敬敬地说，"文大人想必饿了，在下准备了一点清淡酒菜，请慢慢享用吧。"

文天祥依旧不理不睬。

张弘范道:"文大人千万别客气。这就请随着我的人到您的房间歇息吧!"趁着左右之人将文天祥带下去时,再叫过身边侍卫,低声吩咐道:"给我小心看管,别让他自尽。不许他有个三长两短,明白了吗?"左右的人应了一声,下去了。

张弘范在大厅来回踱着步。现在抓到文天祥了,这可是大功一件,但是眼前还必须一鼓作气,把厓山上这个奄奄一息的海上王朝给彻底瓦解,这才解了元人的心腹之患。依目前的情势,要拿下厓山,张弘范有六成的把握,但是动武前还是先招降吧,找谁去劝说张世杰投降呢?

张弘范沉思了一会,叫来了李恒:"你过几日去看看文天祥,言谈之间,要他帮我们写封书信去劝劝张世杰,叫他不要浪费兵力做无用的挣扎,还是早日投降为妙。"

李恒有点迟疑:"这个……元帅,在下是可以去转告文天祥这件事,不过,看他这个样子,要他去招降张世杰,恐怕不大可能吧!"

张弘范怒道:"叫你去做,就是要你想个法子说服他。

张世杰若肯早日降了，也省了我们的力气。"

李恒不敢再推辞，连声答应后便退出帐营。

这日，李恒来到文天祥的住所。文天祥正在写字，他把这些日子以来壮志未酬的感叹，化作一篇篇的诗文。

李恒上前拱手道："文大人您好！今日有此雅兴赋诗写字，在下恰好能欣赏到状元宰相的奇诗妙文，幸甚！幸甚！"

文天祥继续写着字，连头也不抬，答道："这些客气话就省了吧，有什么话，请直说。"

李恒碰了个钉子，只得尴尬地笑了笑，赔着笑脸小声说道："是这样的，张元帅要我来跟大人您讨篇文章，是要给张世杰的。"

文天祥心头一痛，看来张弘范即日便要攻打厓山了。他忍住悲痛，问道："要我写信给张世杰做什么？"

"这个……这个……"李恒搓着双手，刚才碰了个大钉子，这会儿，"招降"二字硬是说不出口。

文天祥叹了口气："我明白了。"提起笔即刻挥就了一首七律："辛苦遭逢起一经，干戈寥落四周星。山河破碎风飘絮，身世浮沉雨打萍。惶恐滩头说惶恐，零丁洋里叹零丁。人生自古谁无死，留取丹心照汗青。"①

写毕，将纸卷起，对李恒道："你就拿这个交给你的元帅吧，就说文天祥才疏学浅，再写不出别的了！"

李恒望着诗末两句"人生自古谁无死，留取丹心照汗青"，眼都发直了，这是鼓励张世杰以死报国、留名青史啊！他正要开口再说，马上被文天祥打断："阁下请勿再言，文某就是此诗，别的不会作。"

眼见没什么可说了，李恒只好讪讪地拿着这首《过零丁洋》诗回去交差。

张弘范读完此诗后，先是大怒："这是什么招降诗，简直不把我们放在眼里！丢了它！"但一方面又被文天祥临难不变节的高尚人格所感动，于是过一会儿又弯腰捡起，再诵读了一次后两句："人生自古谁无死，留取丹心照汗青。"最后不由得衷心地赞叹："好诗！好句！好人！"

---

① "汗青"就是"史册"的意思。"丹心"指的是报国的赤胆忠心。"人生自古谁无死，留取丹心照汗青"两句，意思是：自古至今，谁能免去一死呢？不如将一片忠心留存于史册吧。

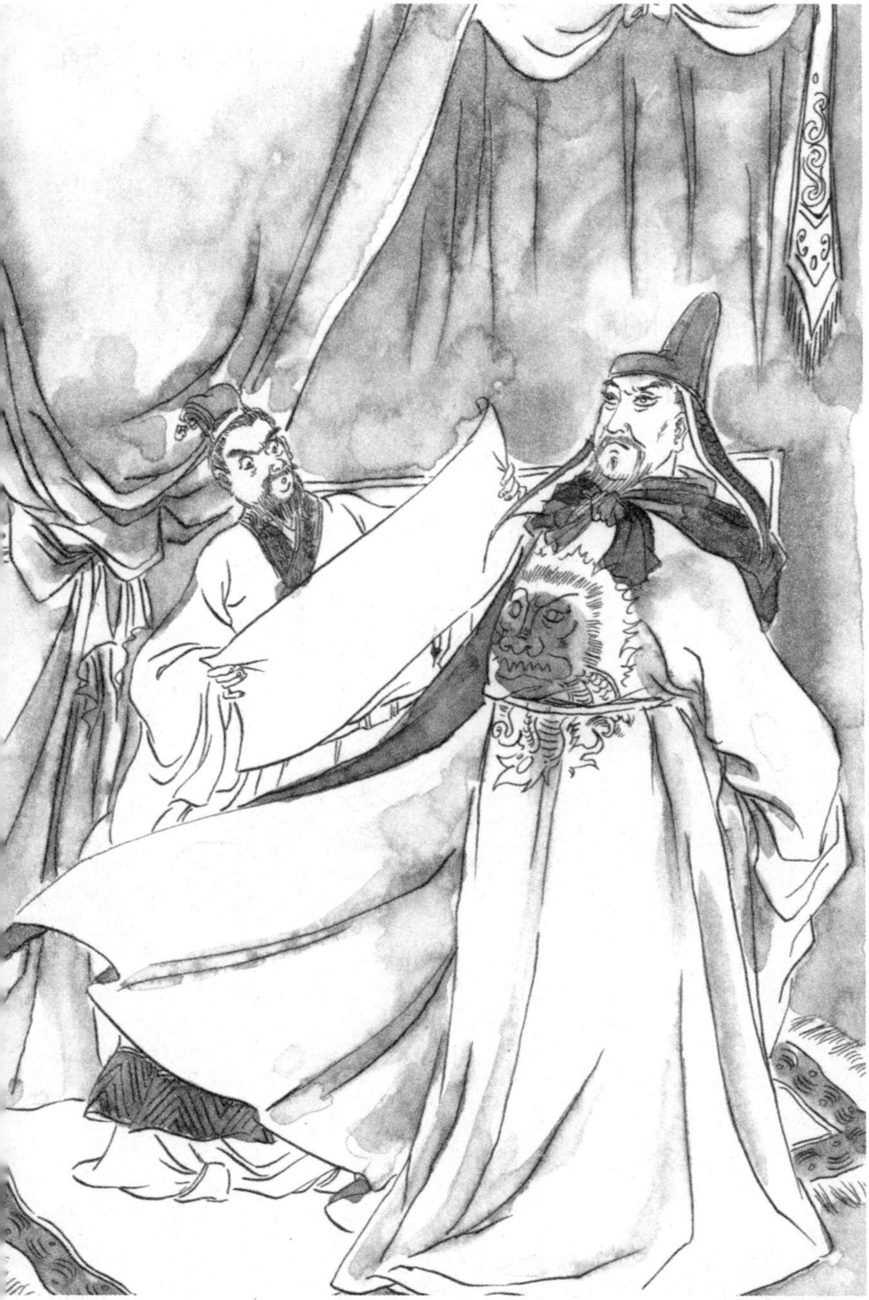

从此对文天祥更添敬重。文天祥的正气不但感动了宋朝百姓，更震撼了元军。

对文天祥的敬重是一回事，元世祖交代下来的事还是得做好。张弘范派出了一些奸细混入张世杰的水军中，伺机释放不利的消息来打击南宋军队的士气，预备等张世杰的军队撑不下去时，再发兵攻打。

15. 决战厓山

约莫半个月后,张弘范得知张世杰的水军因久居海上,储存的淡水几乎用尽,饮水出了问题,兵士们的身体很难支持,愈发想着登上陆地去。张弘范见是出战的时候了,将文天祥带在船上,出发前往厓山。因此,文天祥几乎全程目睹了宋元两军的交战实况。

先来看看张世杰打算怎么打这场战役。张世杰将行朝移至厓山。起先有人向张世杰建言:"厓山资源有限,如何养得活这么多人员、兵士?我们应该攻下个海口,成为我们的物资供应及转运站,才是长久之计。"这个提议却没被张世杰采纳,张世杰的理由是:"我们可以同时靠不同的海口供应粮食,不需要攻占特定的海口,再说,攻下据点势必得分兵去驻扎,到时敌人乘虚而入攻打厓山,反是本末倒置了。不如现在全力防守厓山,与张弘范来个决一死战，待打败张弘范的军队，再图进军到陆地上。"言下之意，是打算死守厓山了。

张世杰的军队当然也有他的优势，他拥有十多万的兵力，还采购了多艘大战舰。而张弘范率领的北兵，本就不习惯水战，他们的船也多是小船，在军力及战斗经验上，张世杰的水师是占着上风的。也因此，张世杰采取严密防守的策略。

他将几千艘战舰连成一直线，用粗绳串连起来，成为"一字阵"，用来抵御元军。陆上的民房、宫舍则全都烧毁，行朝已移到海上的大军营，海上的大船，俨然成了小小的浮岛，船岛上承载着小小的南宋朝廷。

张弘范率领的水军，发动了几次攻势，始终攻不破张世杰严密的"一字阵"。后来，张弘范干脆采取以逸待劳的策略，镇日守在厓山小岛旁，也不出兵攻击。日子久了，南宋的水上行朝也禁不起潮浪的晃荡，兵士们喝不到淡水，吃不到新鲜的食物，士气逐日低落。同样是等待，张弘范在等待涨潮时分，等待出击的好时刻；而张世杰的水军，却是在等待自己弹尽粮绝那一刻的到来。

二月六日,潮水大涨,张弘范把握时机大举进攻,以炮火和箭矢猛烈攻击张世杰的船只。当日天气昏暗、风雨交加,宋军在长久的等待后,已逐渐丧失警觉性,等炮声响起再做反应,已让敌人抢了先机。张世杰率领水师拼死抵抗,但依旧挡不住张弘范的攻势,"一字阵"在炮声隆隆下出现了缺口,大势已去!

张世杰带着一支水军杀出重围,想赶去救驾,但始终接近不了皇帝所在的大船,不得已,只得先带着十几只战船,退回厓山边。

而陆秀夫则奔上了皇帝所在的大船,他见皇帝的大船与其他船只紧紧连结,无法独自航行逃走,就知道局面已无法挽回。风雨中,他将妻子赶到船边,喊道:"宁可自杀而死,也不要做元人的俘虏!"妻子滑入海中,惨叫着:"相公!相公!"陆秀夫像是没了感情,不会哭也不会笑了,他对妻子喊道:"你先去,我马上就来!"

陆秀夫看着妻子已投入海中,毅然转身去寻找小皇帝。刚毅沉痛的脸上写着坚定:"国事到了这个地步,陛下应当舍身殉国。恭帝在临安被俘,宫室凄惨,已为误国，陛下不好再误！"小皇帝不十分明白，但被陆秀夫严肃的脸色吓得哇哇大哭，陆秀夫沉痛地背起小皇帝，在漫天风浪中，跳入海中……风浪陡起，将他们卷入深沉阴暗的海底。

张世杰的水军全数溃散，南宋王朝到此彻底灭亡。

事后，张弘范派人检点战场，海上浮尸有十余万人。十余万的生命写出了战况的惨烈。文武官员、官眷士兵，或奋战，或投海，一同伴随着南宋王朝，淹没在南方的海中。

文天祥得知后伤心欲绝，恸哭不已。

张世杰带着十几只船，先找到了小皇帝的母亲杨太妃，表示要先找个安全的地方躲藏，再立个新的皇帝。杨太妃哭着道："漂泊艰辛，一路上的风霜我都忍下来了，只为了保存赵家的一点骨血，现在什么都没了，我还逃什么呢？！"过没多久，杨太妃便也投海自尽了。

张世杰带着一行人再度在海上漂流。到了南恩县的港口，又遇着大风浪，阴沉沉的天空，无止息的风浪，船上的人颠簸着尽力要把船稳住。突然，张世杰一声大吼：

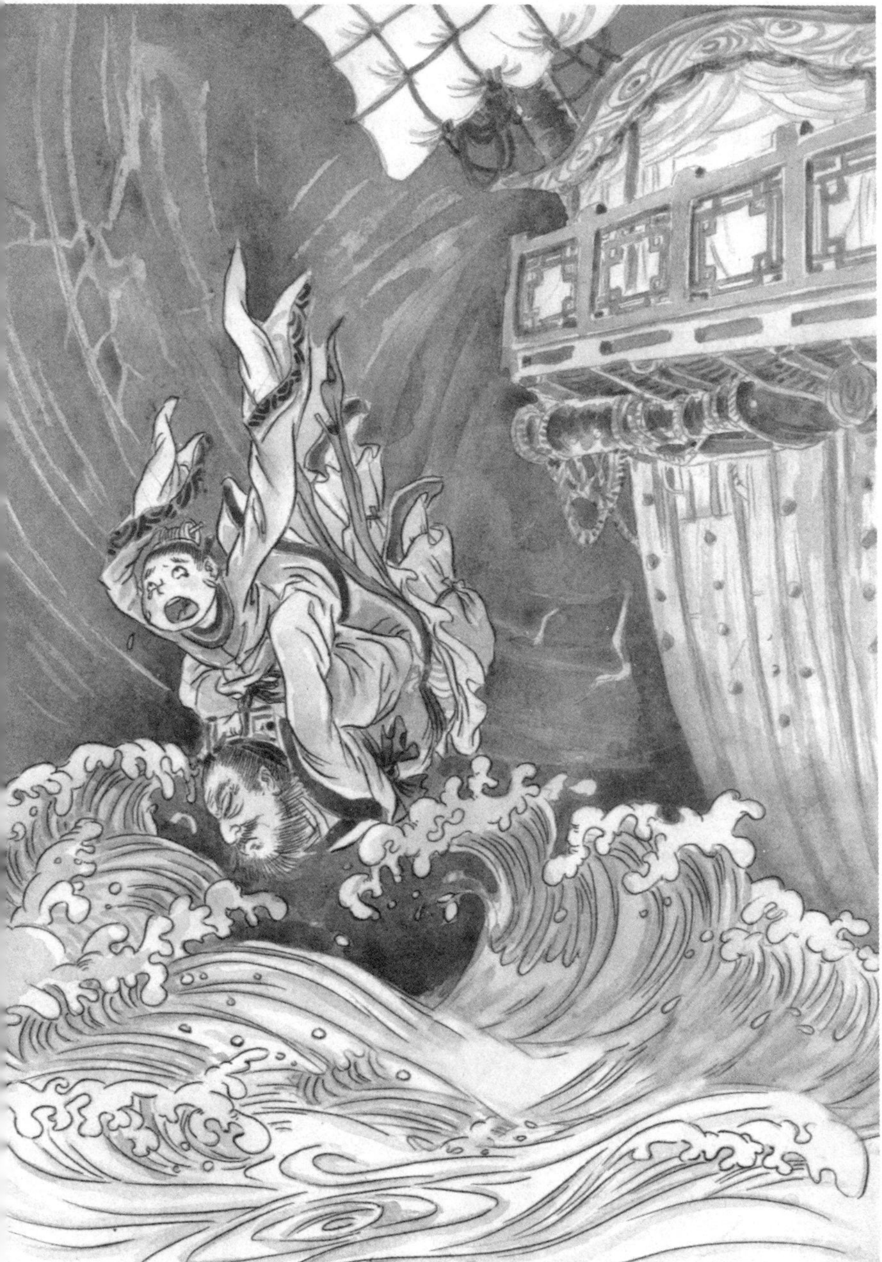

"不用了,拿香来!"

他站在船首,手持香烛,仰天长啸:"我为保大宋社稷,已经努力到了这个地步,死了一个皇帝,我们再立一个,但是现在连一个皇帝也没了!我之所以苟活到现在,是想再寻一个赵氏的后代,现在老天这样对我,莫非是天意如此?"风浪续作不止,海风的呼啸几乎掩盖了张世杰的呼喊,汹涌的海浪卷了过来……张世杰大呼:"天啊!天啊!如果这是天意,就请你取了我的性命去吧!"飓风狂吹,仿佛到了世界的尽头,迎面一个大浪,黑压压地直扑船身,船被卷起,张世杰坠入水中,船翻了身,船上人员全数落入海中,只留着孤零零的小船,空荡荡地浮在海面……

16. 重见旧友　万里行役

宋朝已亡，张弘范的军帐里，笙歌酒宴，大肆庆祝。

张弘范向文天祥举杯："现在宋朝已亡，你为宋尽忠之事也应到此为止了。如果你能改变想法，用事奉宋朝的忠心来事奉大元，相信我大元皇上，一定会任用你做我朝的宰相。"

文天祥听到此话不由得掉下泪来，但随即正色答道："大宋沦亡，身为臣子，不能救亡图存，已是罪该万死，哪里还能去想为了自己活命而背叛大宋的事？我是尽对大宋的忠义，不会以它的存亡改变我的心意，而且，只要此心不死，宋朝还是永远在我心中。"

这话讲得正气凛然，在座的元人闻言都受了感动，不再吭声，而那些背叛宋朝投靠元朝的汉人将领，听了此话，莫不脸红耳热，个个低下头去，不敢再看文天祥一眼。

张弘范写奏章向忽必烈报告厓山的战况，并提到元朝新立，应优待忠义之人，作为模范，因此保奏不杀文天祥。没多久，皇帝的批旨下来了："各朝都该有自己的忠臣，文天祥是个了不起的忠臣，该好好对待。特令将文天祥送到燕京来。"于是文天祥踏上了万里行役之途，被送往燕京。

张弘范感于文天祥的忠义，对他相当礼遇，在出发之前，准许文天祥自由会见亲友。会见的众多亲友中，最令文天祥感慨的是杜浒。

自从被文天祥派往厓山，杜浒便被张世杰留在厓山，没再回去。后来厓山一役，杜浒泅水逃出，只身一人流亡至广州，也病了几回。此时厓山战役已过，宋朝已亡，两位知交老友见面，心情已大不同于以往了。

见了面，回想这一路走来的一切，两人心中都是五味杂陈，心潮澎湃，一时竟说不出话来，只是含着热泪怔望。

经过惨烈的厓山一役，杜浒老了，也消沉了。文天祥都看在眼里。但他不知道如何安慰面前的老友，也不知道如何抚平自己忧伤的心。看着杜浒拖着疲惫的步伐和因病孱弱的身躯，慢慢步出大门，文天祥心里明白这一别将是永别。之后，杜浒大病不愈，不久就过世了。

而文天祥则踏上了往燕京的路途。

这是一段遥远的路程，文天祥一路的苦闷，全写在他的诗文里。到了文天祥的家乡江西，看守的士兵生怕江西乡人来劫走文天祥，替文天祥加了重重的铁链枷锁，遭受这样的屈辱，文天祥没吭气，但他开始绝食。他一心求死，估计不出七八日即能达成，此时应该尚未走出江西境内。他想死在自己的家乡！八日过去了，文天祥却没死，他想，一般人绝食七八日必亡，何以自己无事？莫非老天要留着他这条性命，另有用途吗？希望重新燃起，他又开始进食了。

从南方到燕京的路途是漫长的，文天祥借这次机会做了一次国土巡礼，只是，山河依旧，却已改朝换代了。眼看山河破碎、人民哀号，长长的一次远行，对文天祥只是平添伤心。十月，他终于抵达燕京。

17. 碧血丹心　正气永存

　　文天祥来到燕京，起先元朝安排他住在接待宋朝降官的会同馆中，但后来会同馆听说文天祥不是来投降的，拒绝接纳他，不久，让他在另一处偏僻的小屋住下。文天祥拒绝吃喝元人送来的食物，才四天，他就病倒了。这期间，有不少住在燕京的旧识都来劝他，但他仍旧不为所动。不吃饭，怎么活呢？幸好有一个叫张弘毅的，以前与文天祥便相识，虽来往并不密切，但在文天祥被送往燕京的途中，他特地赶赴吉州与文天祥相见，且从那时起便一路追随文天祥，陪着他来到燕京。

　　他说，文天祥起兵时声名显赫，天下应召者众，不差他这一人，但现在，他愿意陪文天祥走这一程。文天祥不吃元人的饭食，吃宋人做的饭总是可以。就这样，张弘毅每天做饭给文天祥吃，陪他说话，数年如一日，有始有终地陪文天祥走完他生命的最后一程。

文天祥刚到燕京时，不断有人前来他住的小宅劝降。因为文天祥是宋朝忠义的标杆，是百姓心中的依归，如果文天祥也投降了，元人就可放心地稳坐江山了。

元人先找来文天祥的家人打算动之以情，没有用。再找来了南宋之前的左丞相留梦炎，留梦炎与文天祥一样，也是状元宰相出身，元朝想利用这点说动文天祥，但文天祥如何看得起留梦炎先弃国出走，后投降元朝的行径？留梦炎被文天祥大声呵斥了回去，连说话的机会都没有。再请来已投降成为元朝瀛国公的恭帝，想用君臣之义来命令文天祥。但文天祥见到恭帝，下拜朝见，并请求皇帝想办法回到江南，再图复兴。

最后元朝出动了宰相阿合马，打算威之以势。阿合马见了文天祥，直接坐下道："你可知我是谁？"文天祥道："刚才听下人禀报是宰相到此。"阿合马道："既知我是宰相，何以不跪？"文天祥道："南朝宰相见北朝宰相，为何要跪？"阿合马答不出话来，不甘示弱地再问："你何以落到今日这般凄惨的地步？"文天祥答道："若大宋早用我为相，今日情势恐怕大不相同。"阿合马恼了，大声道："你可知你的生死操在我的手里？"文天祥不疾不徐地回答："我乃亡国之臣，要杀便杀，说这些做什么？"阿合马的劝降，自然也是失败。

劝降不成，元朝大臣们商量着对策。"给他点苦头吃吃，看他还倔不倔得起来！哼！"于是，文天祥被关到一间狭窄的土室，并铐上刑具，外头看守得密不透风，也不让张弘毅去帮文天祥做饭了。土室十分狭窄，只有一扇矮门，阳光是难得一见的；冬天冷得如冰窖，夏天又燠热潮湿，不时还有泥水带着垃圾流进来，积水终日难退，满室都是潮湿的霉味，又有厕所、腐尸、死老鼠的各种气味交杂在一起。文天祥的身上长起了小小的虱子，头发和胡须也因常年的营养不良而掉落。不久，身上长了癞疮……

这样拘禁了几个月，元朝以为文天祥的态度总该软化了，又把他提出来盘问，再次强迫文天祥下跪。文天祥被数名衙役重重压着，虚弱的身体却不知哪来的力量硬要站起来，要是衙役稍一松手，文天祥就挣扎着起身。元相博罗又惊又怒，问道："到了今天，你有没有话要说？"文天

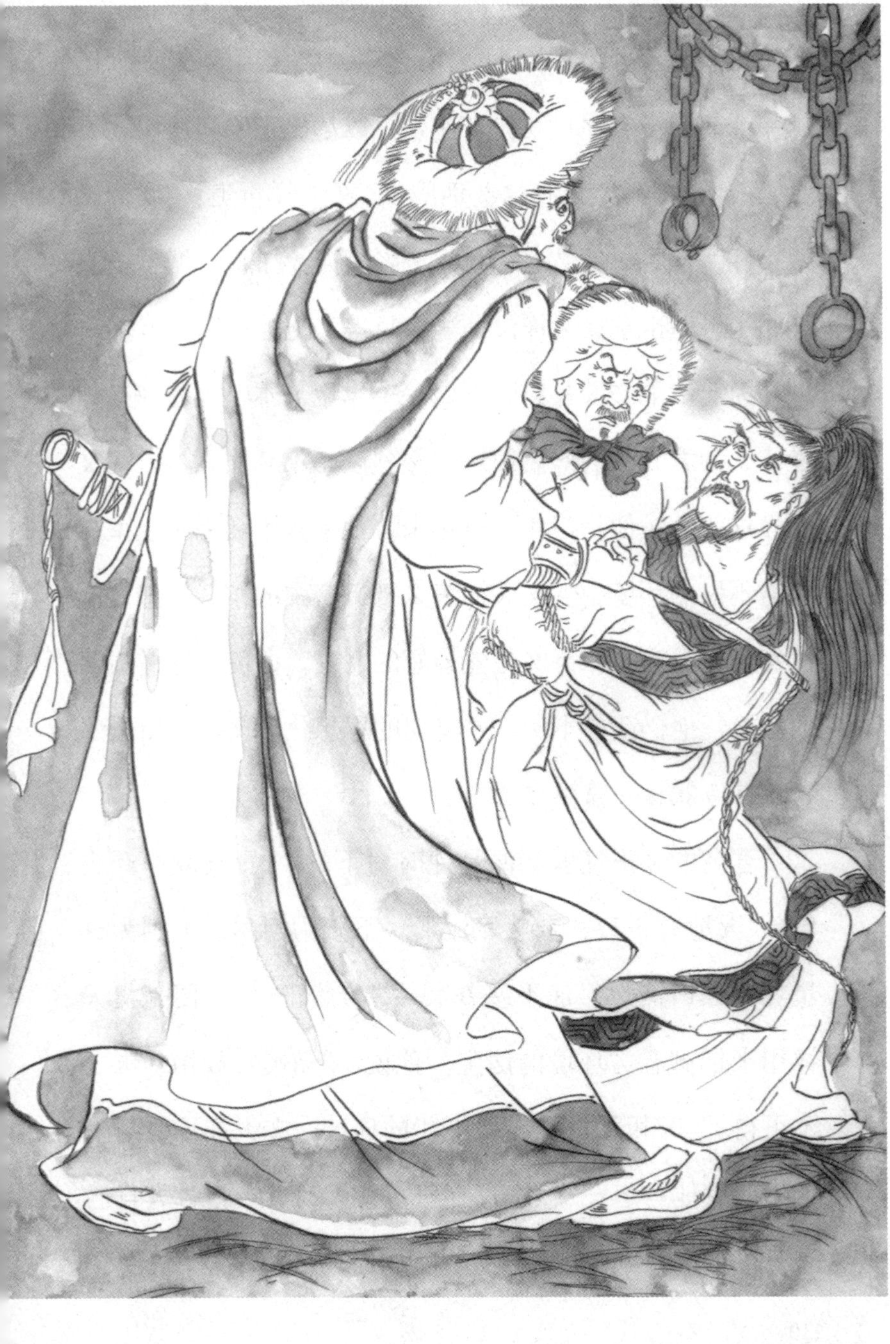

祥答得干脆："兴亡乃天下常有之事，将相因战败而遭诛，哪一个朝代没有呢？我只求速死，以尽忠于宋朝社稷。"

博罗再问："只有这些话吗？"文天祥再道："我为宋朝宰相，国亡，臣当死，哪有什么好再说的？"博罗简直气炸了，但也拿文天祥没办法，只得又把他送回土牢。

为着留下文天祥给天下做一个忠臣范本，为着忽必烈爱才，为着元朝的好名声，忽必烈硬是不杀文天祥。而文天祥这一关，便是三年。三年来，他一直生活在小土室那恶劣不堪的环境中。文天祥怎么抵御室中的秽气，怎么排遣每日的孤寂呢？诗文是他最好的朋友。即使在这样艰苦的环境，他仍读书不辍，并将他的思想化作文字，留下了一首首诗歌、一篇篇文章。

著名的《正气歌》便是此时写下的。《正气歌》开头曰："天地有正气，杂然赋流形。下则为河岳，上则为日星。于人曰浩然，沛乎塞苍冥。""浩然正气"，便是文天祥用来抵御恶劣环境的法宝。他说："鼎镬甘如饴，求之不可得。"宋朝灭亡、求死不能的痛苦，文天祥承受下来了。最后他写道："悠悠我心悲，苍天曷有极？哲人日已远，典型在夙昔。风檐展书读，古道照颜色。"意思是：忧心忡忡，心中有无限悲伤，就像那无边无际的苍天一样。贤能的哲人已经日渐遥远，但留下了昔日的光辉榜样。在屋檐下潜心研读史册，感到古人的节操闪耀着光芒，映照在今人的脸上。

日复一日，文天祥的身体愈来愈虚弱，两眼也昏花看不清了，但是，他依旧挺直了背脊坐在土室中，始终面不朝北，表达自己一心向南的忠心。

三年过去了，忽必烈失去了耐性，再加上有人在他面前进谗言，于是一日，忽必烈提讯文天祥。他问："你若以事奉宋朝的忠心事奉我朝，就让你当宰相。你意下如何？"文天祥拒绝了。忽必烈再问："不当宰相，让你当枢密如何？"文天祥回答："除了一死，没有什么好做的。"

有人极力上奏："文天祥一心想死，就让他死吧，留下来也是后患。"忽必烈无奈之下，竟答应了。

行刑当天，文天祥神色自若地在衣带上留下绝笔文字："孔曰成仁，孟曰取义。惟其义尽，所以仁至。读圣贤书，所学何事，而今以后，庶几无愧。"意思是："孔

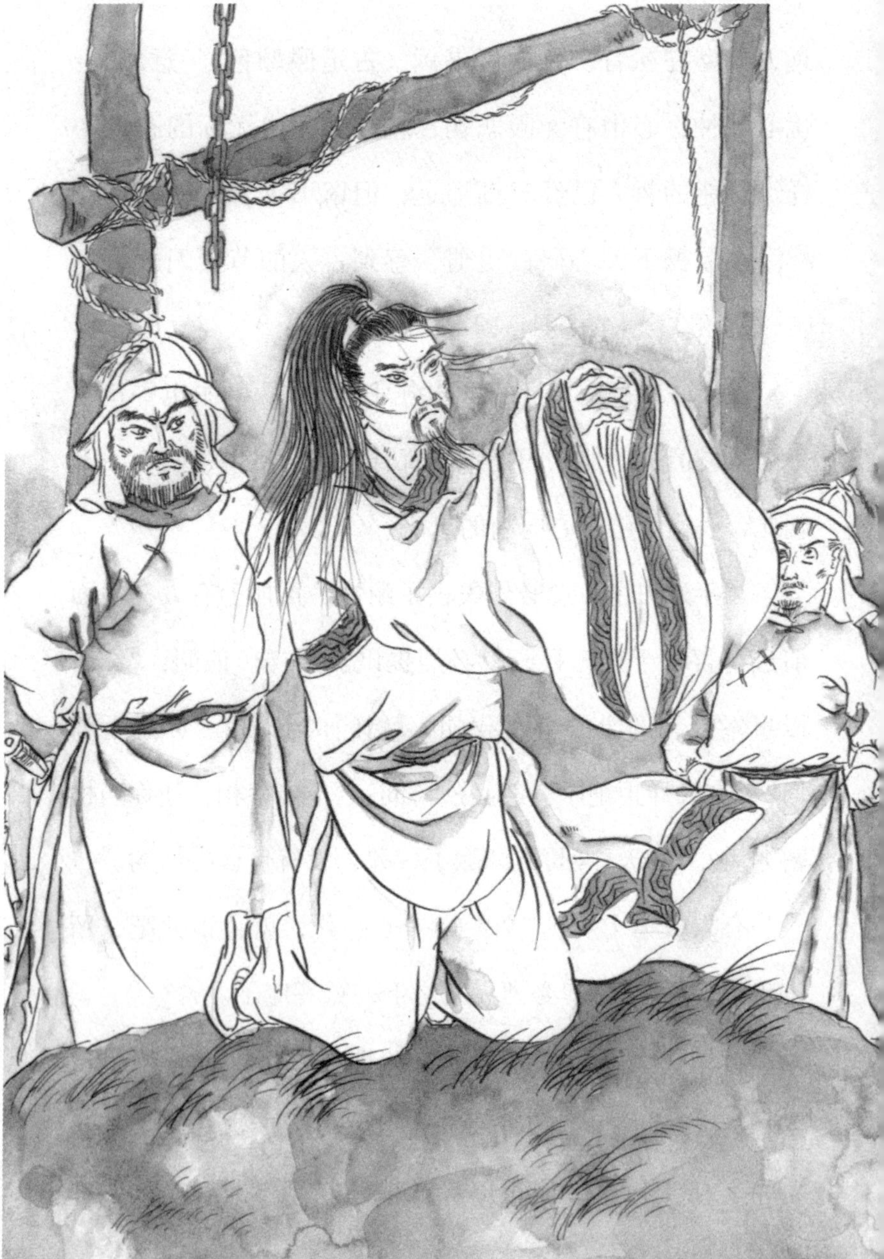

子教人要成就仁德，孟子教人要奉义而行，正因做到了'义'，所以也达到了'仁'的境界。读了许多的圣贤经书，学到的是什么呢？无非就是仁、义二字罢了。从今而后，我大概可以没有愧疚了！"对文天祥来说，成仁取义，是他一生奉行之道，今日求仁得仁，所以无愧于心了。行刑前，文天祥只说了"我该做的事今日总算完成了"，并向南边跪拜再三，而后赴死。

下令问斩文天祥后不久，忽必烈后悔了，传令停止行刑，但当使者赶到刑场时，文天祥已从容就义了。

文天祥从容就义的事迹，迅速传遍了整个燕京城，也逐渐传到民间的各个角落。听闻此事的百姓，没有不痛哭失声的。文天祥的故事，在后世流传；他的正气，不但载于史册，更永存于每个人的心中。

文天祥小档案

1236年　诞生于吉州庐陵县（今江西吉安）。原名云孙。

1241年　跟随父亲文仪读书。

1255年　入白鹭洲书院求学。同年与弟弟文璧同榜中举郡贡士。改以天祥为名。

1256年　中进士。五月，宋理宗于集英殿亲自拔擢为第一。父亲文仪病逝于旅社。

1259275年　历任宁海军节度判官、刑部郎官、赣州知州等。

1275年　元军大举南下。文天祥捐献家资，号召天下英豪起兵勤王。

1276年　出任右丞相，出使元营与伯颜谈判，被扣留。北行途中脱逃，至南剑州，都督诸路军马抗元。

1278年　被蒙古汉军元帅张弘范所执，服毒自杀未死。

1279年　被送往燕京，途中绝食八日，却安然无事。抵达燕京后，元人对待如上宾。元世祖爱才，想要招降，遭拒绝。

1280年　被囚于矮小土室，却处之泰然，次年于狱中作《正气歌》。

1283年　从容就义。